TRAITÉ

PRATIQUE

D'AGRICULTURE.

TRAITÉ

PRATIQUE

D'AGRICULTURE.

OUVRAGE MIS AU NIVEAU DES CONNAISSANCES ACTUELLES,
S'APPLIQUANT SURTOUT A L'AGRICULTURE DE LA
PARTIE N.-O. DE LA FRANCE.

Par Paul-Denis DUDESERT,

D^r. M. P.,

Agriculteur, membre de la Société d'Agriculture de Caen, de l'Association Normande et correspondant de la Société d'Agriculture de la Sarthe.

Prix : 2 Fr.

CAEN,
TYP. DE A. HARDEL, LIBRAIRE,
Rue Froide, 2.

1849.

PRÉFACE.

J'ai entendu dire à un homme de beaucoup de bon sens, que l'agriculture ne s'apprend point dans les livres.... Je ne sais vraiment ce qui doit le plus étonner, ou de l'exagération de cette idée, ou de la facilité avec laquelle elle a reçu crédit dans presque tous les rangs de la société. Il est bien étrange effectivement que les livres, réputés nécessaires et indispensables pour l'étude de toutes les autres sciences, la chimie, la géologie, la physique, la médecine, etc., aient été frappés de cette espèce de répulsion quand ils traitent de l'agriculture. Je me suis ingénié de toutes les manières pour me rendre compte de cette proscription, et j'avoue que je n'ai pu trouver le mot de l'énigme, à moins pourtant que la terre n'étant pas toujours dans le même état géologique, ni de la même composition chimique, recevant d'ailleurs des modifications particulières de sa ténacité, de son hygroscopicité, du climat, de l'exposition, de l'état des chemins, du voisinage des villes ou de certains établissements industriels, du prix de la main-d'œuvre, etc., n'ait donné lieu de croire à l'impossibilité de tracer des règles ou de donner des principes généraux, lorsque la matière sur laquelle on doit agir est si différente et dans sa composition et par son gisement, et par d'autres circonstances encore. Mais, en médecine, par exemple, les sujets qu'on est appelé à traiter sont également bien différents les uns des autres, et la différence qui les caractérise est bien loin d'être aussi facile à saisir *à priori* que les caractères qui différencient les terres. Dans l'un et l'autre cas, je vois bien des dissemblances, mais en agriculture elles sont presque toujours nettes, elles sont matérielles et faciles à saisir ; en médecine, ce sont des nuances imperceptibles souvent à un premier examen, toujours mobiles, peu tranchées, difficiles à apprécier. Pourtant on n'a jamais entendu dire que les ouvrages de médecine soient inutiles ; ils sont même jugés indispensables. On peut en dire autant des ouvrages qui traitent de l'agriculture : sans eux la pratique restera stationnaire, empirique, routinière, et ne se composera plus que de formules et de recettes.

Il faut distinguer cependant, et ne pas s'imaginer que les ouvrages qui traitent de l'agriculture sont tous également bons à consulter. Certes il en existe de mauvais, quelques-uns parce qu'ils ne font que la poésie de la science, d'autres parce qu'ils préconisent des méthodes erronées que ne justifient ni la théorie ni l'observation. En agriculture, comme dans les autres sciences, il faut envisager les choses avec une sévérité et un *positivisme* qu'on n'a guère trouvé jusqu'à nos derniers temps. Nous pouvons cependant citer comme des modèles en ce genre les ouvrages de Thaër, Schwerz, Burger, David Low, Mathieu de Dombasle, Lullin de Châteauvieux, Moll, Gasparin, Boussingault et de quelques autres encore. Hommes de conscience, de talent et d'expérience, leurs théories n'ont rien de hasardé ; leur doctrine est positive sans avoir rien d'absolu, et tous ont à mes yeux le grand mérite de savoir rester sur la réserve ou de s'abstenir quand ils ont à s'exprimer sur une théorie ou sur un fait dont la science n'a pu dire encore le mot.

Mais presque tous ont le grand défaut d'être ou trop volumineux ou trop savants. Il faut bien le dire, notre éducation n'a pas été jusqu'ici dirigée de manière que nous puissions bien comprendre les théories développées dans ces ouvrages. La chimie, la physique, la mécanique, la minéralogie n'ont guère été jusqu'ici regardées que comme des sciences accessoires à nos études, quand elles n'en ont pas été l'objet direct et principal. C'est une lacune déplorable, car elles ont des relations intimes avec la plupart des professions ; elles les éclairent d'une vive lumière. Pour ne parler que de l'agriculture, à laquelle est consacré notre ouvrage, il est bien difficile, on peut dire impossible, de s'en occuper aujourd'hui avec un grand fruit, si l'on n'a pas au moins une connaissance élémentaire de ces sciences.

Malheureusement la plupart des hommes n'ont eu jusqu'ici que de l'indifférence, sinon du dédain, pour les travaux des champs. Ils n'ont pas réfléchi que, sous tous les rapports, l'agriculture est la première, la plus importante, la plus essentielle des sciences? C'est elle qui procure à l'homme sa subsistance; les travaux qu'elle impose sont également favorables à la moralité et à la santé; elle n'est point sujette comme l'industrie proprement dite à des stagnations, à des encombrements, à des crises qui jettent la perturbation dans la société; et tandis que les spéculations commerciales amènent la surabondance des produits, poussent à l'excès la concurrence, avilissent les salaires, épuisent les travailleurs, et tournent au détriment et à la ruine d'une multitude de familles, les spéculations agricoles et l'accroissement des produits de la terre ne s'obtiennent aux dépens de personne, et ne font qu'augmenter au profit de tous le bien-être et la sécurité.

Mais ce ne sont pas là les seuls titres de l'agriculture à l'estime et à l'intérêt des hommes que préoccupe le bonheur général. Pour quiconque a étudié les progrès de cette science depuis un quart de siècle et les nombreux perfectionnements dont elle est encore susceptible, il est démontré qu'elle offre des ressources suffisantes pour fournir du travail à tous les bras oisifs, et pourvoir abondamment à tous les besoins alimentaires de notre pays. Or, ces premiers besoins satisfaits, les agitations politiques n'ont plus de chances de trouver appui dans les masses.

C'est donc travailler sous un double rapport dans l'intérêt public, que de chercher à propager le goût de l'agriculture, la connaissance des meilleures méthodes et les idées capables de conduire à de nouvelles améliorations. Voilà le motif qui a fait entreprendre ce petit ouvrage. Pour atteindre le but, il fallait être à la fois concis, clair et complet. On a donc élagué tous les détails parasites, substitué autant que possible des expressions vulgaires aux formules scientifiques, et l'on n'a rien négligé de ce que la théorie unie à une sage pratique a jusqu'ici révélé aux agronomes les plus éminents. Il a été fait à ceux-ci de nombreux emprunts, sans que l'on ait toujours eu le soin de les citer. Ce n'était nullement dans la pensée de s'approprier la gloire de leurs travaux, mais parce que les notes qui ont servi à la composition de cet ouvrage avaient été recueillies dans un but tout autre, qui n'exigeait pas l'indication des sources. Au reste, on s'empresse de déclarer que les observations que l'on va lire ont été puisées en grande partie dans les excellents ouvrages de Thaër, Schwerz, Crud, Mathieu de Dombasle, David Low, Schmalz, Boussingault, Liébig, Payen, Puvis, Moll et Gasparin.

J'ai maintenant à expliquer brièvement l'ordre que j'ai suivi.

La première chose à étudier par l'agriculteur, c'est le sol qu'il doit exploiter, puis les moyens de remédier aux inconvénients qu'il présente, ce qui comprend les irrigations et les amendements ; de là, on doit passer à la connaissance des engrais proprement dits, qui offrent la ressource la plus ordinaire et, jusqu'à certain point, la plus efficace pour corriger les défauts du terrain ou en accroître la fertilité. Je m'occuperai ensuite des cultures propres à la partie de la France que nous habitons ; après quoi je dirai, dans un appendice, quelques mots sur les instruments aratoires les plus utiles et les plus ordinaires ; j'y ajouterai quelques observations générales, quelques notes qui ne trouveraient pas naturellement leur place sous les titres précédents, ou qui ont besoin de développement ou d'explication. Je terminerai par un chapitre relatif aux Pépinières.

Voici donc le plan de tout l'ouvrage :

PREMIÈRE PARTIE.
DU SOL.

Cette partie se subdivise en quatre chapitres : 1° du Sol considéré en lui-même ; 2° des Irrigations ; 3° des Amendements ; 4° des Engrais.

DEUXIÈME PARTIE.
DES CULTURES.

Cette partie se divise en cinq chapitres : 1° des Céréales ; 2° des Fourrages ; 3° des Racines et tubercules ; 4° des Plantes oléagineuses ; 5° des Plantes textiles.

APPENDICE.

1° De quelques instruments aratoires : 2° des Assolements ; 3° des Pépinières ; 4° Quelques notes et remarques ; 5° Calendrier du cultivateur.

TRAITÉ PRATIQUE
D'AGRICULTURE.

PREMIÈRE PARTIE.
DU SOL.

CHAPITRE I.
Du Sol considéré en lui-même.

Le sol doit être considéré sous un double point de vue : comme point d'appui pour les plantes et comme réservoir de l'humidité nécessaire à leur végétation, et d'autres substances propres à leur nutrition.

Le sol est la partie supérieure du terrain où croissent et *pourraient croître* les végétaux, et qui conserve dans toute sa profondeur à peu près la même composition minérale.

Je dis et *pourraient croître*, car il arrive quelquefois que le sol très-profond, n'est pas même pénétré dans ses couches sous-jacentes, par les racines de plusieurs végétaux qui accomplissent à la surface leurs phases de végétation. On peut d'après cela diviser le sol en sol actif, et sol inerte. La première division comprend toute a partie dans laquelle se font les travaux de culture, et où se développe la plante; la seconde celle qui est en-dessous de cette première partie.

Le sol est probablement le résultat du détritus des végétaux qui croissent à sa surface, et de débris de roches; cette combinaison d'éléments, qui ne se retrouve pas la même dans la couche posée en-dessous, distingue le *sol* du *sous-sol*.

La fertilité du sol dépend de son humidité, de son poids, de sa ténacité, de sa cohésion, de son hygroscopicité, de sa fraîcheur, de son volume, de sa chaleur, de son niveau, de son exposition, de son voisinage, des vents auxquels il est exposé, surtout de sa composition intime et du sous-sol.

§ 1er. *Humidité.*

L'eau est un élément essentiel à la végétation, elle sert comme moyen direct de développement à la plante, qui, dans les sols les plus riches d'ailleurs, ne pourrait s'alimenter par les engrais et les agents de fécondation, si au préalable ils n'étaient dissous par l'eau. Mais une trop grande humidité serait pernicieuse, tellement qu'il est d'observation que les années humides sont toujours plus désastreuses que les années de sécheresse.

On a remarqué que, sous un climat humide, les céréales, surtout l'avoine, épuisent moins le sol que dans des contrées sèches.

Une couche épaisse de neige agit toujours d'une manière nuisible sur les semailles d'automne, quand la terre n'a pas été durcie par une gelée, avant la chute de la neige.

Les terres humides sont en général peu colorées, elles retiennent l'eau facilement et se dessèchent lentement.

Une terre fraîche est celle qui retient habituellement à 0^m. 33 de profondeur, même dans les temps de sécheresse au moins 0.15 de son poids d'eau, et qui deux ou trois jours après les pluies n'en conserve pas plus de 0.33.

§ 2. *Poids.*

Les sables calcaires et siliceux à l'état grossier pèsent plus que lorsqu'ils sont réduits en poudre très-fine.

On ne peut, dans aucun cas, conclure de la pesanteur d'une terre, la nature de ses principes, mais on peut conjecturer qu'une terre qui a une grande pesanteur contient beaucoup de silice et que celle qui en a une très-petite est abondante en terreau. Dans toutes les expériences de ce genre, il faut faire attention qu'un même volume de la même terre, prise dans un sol qui vient d'être labouré, ou dans une prairie, ou dans un herbage, présentera une grande différence de poids.

Ce que les cultivateurs appellent une terre pesante est celle qui charge beaucoup les tombereaux et les brouettes.

On peut considérer en moyenne un mètre cube de terre comme pesant de 1200 à 1400 kilog.

§ 3. *Ténacité.*

Cette faculté, cette manière d'être de la terre, qui fait obstacle au travail, a frappé les cultivateurs. De là vient la dénomination de *terre forte*, par laquelle ils la désignent.

Lorsqu'il est nécessaire d'apprécier le travail que nécessite un déblai de terrain, par exemple, il faut avoir recours à un moyen d'évaluation précis. Le général du génie, Vaillant, a le premier, en 1817, créé cette méthode d'évaluation. Elle résulte du temps employé par un homme pour fouiller et charger sur une brouette 15, 60 mètres cubes de terre. Celles qui peuvent être chargées sans être fouillées, comme les sables, les terres végétales, etc., sont appelées terres à un homme, parce qu'un homme suffit pour en charger 15 mètres cubes dans sa journée.

Lorsque la dureté de la terre oblige d'employer la pioche, il est nécessaire d'adjoindre un homme au premier, qui mette la terre en état d'être facilement prise à la pelle. Si le second ouvrier suffit pour que le premier puisse charger sans interruption, la terre est dite à deux hommes; elle est à un homme et demi, lorsqu'un piocheur suffit pour faire tête à deux chargeurs; elle est à trois hommes lorsque deux piocheurs sont nécessaires pour que le chargeur puisse travailler constamment, et ainsi de suite.

§ 4. *Cohésion.*

La plasticité ou la force de cohésion avec laquelle les terres s'attachent aux instruments, lorsqu'elles sont humides, est d'une grande importance dans le travail des champs.

Pour l'apprécier, prenez un disque de bois de hêtre d'un décimètre carré; mettez-le en contact avec la terre complètement humide; ce disque est attaché au fléau d'une balance, en équilibre avec le bassin opposé; chargez doucement, avec de petits poids, et quand l'adhésion du disque est rompue, calculez le poids employé, il représente la force nécessaire pour vaincre la cohésion. Avec un disque de fer il eût fallu un dixième en moins du poids employé. Cette simple connaissance suffirait pour faire préférer les instruments en fer à ceux en bois, surtout dans les terres humides.

§ 5. *Hygroscopicité.*

On entend par hygroscopicité des terres la quantité d'eau qu'elles peuvent retenir entre leurs molécules, sans la laisser égoutter, après en avoir été saturées.

Pour constater cette propriété, on prend 20 grammes de terre desséchée à l'étuve; on les verse dans un filtre; on les sature d'eau; on laisse filtrer, et quand les gouttes ont cessé de tomber, on pèse le filtre avec son contenu; on retranche de ce poids celui du filtre mouillé, puis les 20 grammes, poids de la terre sèche, et le reste est la quantité d'eau retenue.

L'hygroscopicité de la terre est en général un indice favorable; mais ici, comme pour toutes les autres qualités des terres, nous ferons cette observation qu'une terre qui posséderait au plus haut point une ou deux qualités physiques, pourrait d'ailleurs être fort peu prisée, si elle manquait de quelques autres. La richesse, la valeur, la cherté, est le résultat de la réunion dans un même terrain de toutes ou de presque toutes les circonstances qui favorisent une bonne végétation.

§ 6. *Fraîcheur*.

C'est cet état où la terre n'est ni trop humide, ni trop sèche et où elle conserve toujours la quantité d'eau convenable pour que la végétation y ait lieu d'une manière continue.

Pour reconnaître cette qualité, on prend à 0^m., 33 (un pied) de profondeur une portion de terre; on la pèse immédiatement; on la fait dessécher dans une étuve à 100 degrés; on pèse de nouveau, et la différence de poids donne la quantité d'eau que contenait la terre.

Pour que la terre soit fraîche, il faut qu'au mois d'août, après huit jours de sécheresse, elle renferme au moins 0,10 de son poids d'eau. Les terres qui, à 0^m. 33 de profondeur, retiennent habituellement une quantité d'eau de 0,15 à 0,23 de leur poids, même trois ou quatre jours après les pluies, sont dites terres fraîches; celles qui retiennent moins de 0,10 sont des terres sèches.

Cette recherche est importante, en ce que cet état de fraîcheur constitue une grande partie de la valeur des terres.

§ 7. *Volume.*

L'argile mise au feu subit un retrait, c'est-à-dire diminue de volume. Il n'est personne qui, dans l'été, n'ait observé les fissures des terres argileuses, d'où résulte la déchirure des racines des plantes qui y ont germé.

L'extrême retrait du terreau explique son boursoufflement dans les temps humides.

La chaux, quoiqu'absorbant beaucoup d'eau, a peu de retrait ; l'argile en a beaucoup : c'est ce qui fait que les marnes, après un hiver passé dehors, se réduisent en poussière, car toutes contiennent de l'argile.

§ 8. *Chaleur.*

Le développement des végétaux est en général en raison directe de la chaleur ; il est plutôt encore le résultat d'une température constante que du changement passager d'une température moyenne à une haute température ; et ici, quand je parle de chaleur, j'entends en même temps la concomitance des rayons du soleil.

La germination de presque tous les végétaux se fait à l'ombre ; plus tard la combinaison de la lumière et de l'ombre produit des modifications telles que, l'une compensant l'autre, la plante conserve sa flexibilité et sa mollesse, sans cesser d'acquérir de la solidité et du corps, de manière que l'équilibre entre les jours et les nuits lui donne un développement qui n'eût jamais été complet à l'ombre.

L'échauffement des terres dépend : 1°. de la couleur de la surface du sol ; 2°. de sa composition minérale ; 3°. de son inclinaison, etc., etc.

La couleur noire favorise l'échauffement. Les habitants de Chamouny répandent sur leurs terres couvertes de neige de la poussière d'ardoises noires qui accélère la fonte de la neige. Pour hâter la maturité de mon raisin je mets au pied de mes vignes une couche de braise de 3 centim. d'épaisseur, et j'enduis avec un mortier de chaux bien blanche la portion de mur qui se trouve placée derrière le cordon de ces vignes. Dans le midi de la France, au contraire, on le noircit. La différence de climat explique cette différence de procédé.

Il est difficile, dans la grande culture, de se servir de ce moyen ; mais dans une culture maraîchère, et même dans un plant de betteraves et de choux poitevins, on peut semer en couverture de la braise et rendre ainsi les plantes plus hâtives. Une couche à melon, saupoudrée de suie, sera plus avancée de quinze jours qu'une autre faite le même jour sans cette addition et dans les mêmes circonstances d'ailleurs.

La terre calcaire pure constitue un terrain froid à cause de sa couleur blanche. Ajoutons en passant que, pénétrée d'humidité, elle forme une boue qui ne donne aucun appui aux plantes.

La composition minérale des terrains a des effets beaucoup moins marqués que leur coloration sur leur faculté d'échauffement par les rayons lumineux ; cependant du plâtre à l'argile il y a plus de deux degrés de différence.

§ 9. *Niveau.*

La hauteur, l'élévation du sol paraît avoir une grande influence sur la végétation. Plus le sol est élevé, moins son climat est chaud, et *vice versâ*. La neige couvre encore long-temps le sommet des montagnes lorsqu'elle a disparu de la base.

Il a été reconnu qu'une hauteur verticale de 55 mètres équivaut à un degré de plus vers le nord.

Dans les pays de montagnes, il se manifeste dans l'air un dégagement considérable d'humidité, pendant que de grandes plaines situées au-dessous souffrent de la sécheresse.

§ 10. *Exposition.*

L'exposition d'un terrain vers telle ou telle partie du ciel exerce une influence marquée sur son degré de fertilité. Il ne faut pas croire toutefois qu'une exposition au midi soit toujours la plus favorable. Un sol sec, léger, actif, noir pourrait y souffrir beaucoup ; la gelée et le dégel y occasionneraient souvent des changements trop brusques de température. Cet inconvénient n'existe pas avec une exposition au nord. L'exposition au levant peut soumettre la végétation à l'impression d'un soleil ardent sur un sol couvert de givre. Dans les autres temps, la rosée s'y trouve dissipée brusquement, et le soleil quitte au moment le plus chaud de la journée. L'exposition au couchant éprouve des transitions plus brusques encore peut-être ; mais il y règne une certaine humidité qui favorise le développement des végétaux verts, tandis que les arbres à fruit y prospéreraient moins.

Chacune de ces expositions, comme on le voit, a son avantage et son désavantage. Le climat aussi modifie singulièrement ces qualités. On a observé que, dans le Nord, les terres exposées au nord sont les plus fertiles, quand la pente n'est pas trop abrupte ; mais l'exposition la plus avantageuse est encore, en général, celle du Midi,

La pente du terrain a bien aussi son influence, car il faut tenir compte et de la distance du soleil et de la direction plus ou moins verticale de ses rayons. En hiver, nous sommes plus rapprochés de cet astre, et pourtant il nous échauffe moins, parce que ses rayons ne font que glisser sur notre sol.

Une forte pente ne convient nulle part; les pluies y font trop de désastres. La pente la plus convenable, ou plutôt le maximum de pente, est d'environ $0^m 05$ par mètre; cette pente est même préférable à un niveau parfait.

§ 11. *Voisinage.*

Les contrées dont la population est considérable produisent toujours plus que celles qui n'ont qu'une faible population. On a observé que les champs situés près des villages du côté opposé au vent dominant sont dans la condition la plus favorable, toutes choses égales d'ailleurs. M. Thouin disait dans ses cours que les jardins fréquentés sont beaucoup plus fertiles que lorsque les propriétaires sont absents toute l'année. J'ai toujours pensé que si les pommiers qui bordent les routes rapportent plus que les autres, on doit en partie attribuer ce résultat au passage incessant des hommes et des animaux.

Les contrées boisées, qui parfois peuvent

protéger contre les tempêtes, sont néanmoins peu favorables à la végétation; les arbres, même isolés, sont nuisibles, et les récoltes de céréales en souffriraient bien plus encore si les semailles ne se faisaient pas vers la chute des feuilles.

Il convient aussi de tenir compte des fleuves, des rivières, de leur débordement possible, et dans tous les cas des brouillards qu'ils occasionnent.

Sur les bords de la mer règne une température, sinon plus élevée que dans l'intérieur des terres, au moins plus égale. En Irlande on voit des haies de myrtes qui ne résisteraient pas à nos hivers.

§ 12. *Vents.*

Les plantes fort élevées ont souvent à souffrir des ouragans. Au temps de la floraison, les grands vents sont nuisibles aux céréales. Dans les contrées humides, si les vents peuvent être utiles pour ressuyer le sol, ils nuisent au contraire dans les contrées sèches.

Les vents *d'est* et de *nord-est* sont beaucoup plus froids que les vents *d'ouest* et de *sud-ouest*, qui ont passé sur de grandes masses d'eau; aussi ces vents *d'est* et de *nord-est* sont-ils funestes aux plantes venues sur un sol médiocre, quand ils soufflent au printemps ; par contre ils peuvent servir aux végétations luxuriantes, pour arrêter leur développement et les empêcher de verser.

§ 13. *Composition du sol.*

Il est reconnu que le sol que nous cultivons est un composé de plusieurs corps mêlés ensemble dans différentes proportions.

Les principaux éléments des terres arables sont : le sable, l'argile, le calcaire, l'humus (matières organiques en décomposition). Ces corps forment trois grandes variétés de sols : le sol *sableux*, le sol *argileux*, le sol *calcaire*. Il y aurait bien encore un sol *tourbeux*; mais il n'est pas susceptible de culture, à moins de modifications importantes par des amendements.

Aucune de ces terres, prise une à une et isolément, ne peut constituer une terre arable ; la végétation y est à peu près impossible ; mais du mélange de l'une d'elles avec une ou deux ou trois autres peut résulter une terre qui sera d'autant meilleure que le mélange opéré, soit naturellement, soit artificiellement, se sera fait dans des proportions plus normales. C'est pour arriver à ce but que se font les marnages, comme nous le verrons plus tard.

On a appelé *terre franche* celle dont le

sable et l'argile forment environ les $\frac{7}{9}$, la chaux et l'humus les deux autres neuvièmes. Un sol argileux qui a plus de 80 pour cent d'argile, un sol sablonneux qui contient plus de 92 pour cent de sable, et un sol calcaire qui a plus de 40 pour cent de chaux, ne sont plus propres à la culture (1).

A proportion voulue d'argile, de calcaire et d'humus, le terrain sablonneux possède d'autant mieux la propriété de retenir l'humidité que le grain de sable est plus fin.

Une certaine quantité d'humus ou de marne peut donner au sable une liaison suffisante.

De la nature bien connue de l'argile, il ressort que sa propriété essentielle est sa grande cohésion ; c'est ce qui la rend difficilement perméable ; la décomposition s'y fait lentement ; à l'état sec comme à l'état humide, elle oppose des difficultés à la culture.

L'argile brûlée absorbe avidement les gaz.

La terre argileuse épuisée ne paraît éprouver aucun bénéfice d'une première fu-

---

(1) Quoique les terres arables ne soient point composées seulement de sable, ni d'argile, ni de chaux, cependant, comme il est presque toujours un de ces éléments qui domine, on lui conserve le nom de cet élément : ainsi on dit, terre *sableuse*, terre *argileuse*, terre *calcaire*, quoique chacune contienne du sable, de la chaux et de l'argile.

mure; elle s'empare de tous les gaz, et les retient. Ce n'est qu'après plusieurs fumures qu'elle commence à manifester sa richesse.

Il se rencontre fort peu de terres dans lesquelles il n'y ait pas un peu de chaux ; mais elle est souvent en si petite proportion, que ses effets ne sont pas sensibles. Deux ou trois pour cent suffisent pour améliorer le sol. Nous entrerons plus tard dans des détails sur le carbonate de chaux et la chaux à l'état caustique.

Un caractère particulier à tous les sols, c'est de contenir de l'humus dont la proportion varie suivant les terrains ; sa présence se manifeste surtout dans cette partie du sol que nous avons appelée sol actif, car la partie, dite sol inerte, en est à peu près dépourvue.

Cependant, comme cette portion du sol que j'appelle *sol inerte* est souvent riche de principes fertilisants, il est d'une bonne pratique, lorsque le sol actif est épuisé de certains principes, de renouveler sa fertilité en ramenant à la surface le sol inerte, qui possède tous les principes que l'autre a perdus par une longue culture.

La manière d'être du sol, sa composition minérale, ses propriétés physiques, doivent donc être prises en grande considération ; mais ce qui peut-être n'en mérite pas une moindre, c'est le *sous-sol*.

§ 14. *Sous-sol.*

Le sous-sol, comme l'indique son nom, est cette partie de terrain qui repose immédiatement sous le sol.

Lorsqu'il est situé à une grande profondeur, il influe peu sur le sol ; mais comme souvent il advient au contraire que le sol est peu épais, on doit comprendre alors quelle influence le sous-sol peut exercer sur la couche arable.

Plusieurs choses sont à considérer dans le sous-sol : 1°. Est-il ou non perméable? 2°. Sa nature est-elle pire ou meilleure que celle du sol? 3°. Est-il ou non épais, et dans le cas où il n'aurait qu'une minime épaisseur, quelle est la nature du terrain posé en dessous?

1°. Le sous-sol perméable est très-avantageux pour les terres fortes et pour celles qui sont mouillées soit par des pluies fréquentes, soit par des arrosements. Il consiste en sable ou gravier, tandis que le sous-sol imperméable est formé d'argile ou de couches solides. Cependant un sous-sol très-perméable peut être désavantageux pour un sol très-argileux de peu d'épaisseur, comme un sous-sol imperméable peut l'être à un sol très léger également peu épais, qui dans ce cas resterait noyé.

2°. Abstraction faite de la perméabilité, il se pourrait que le sous-sol fût d'une nature, d'une composition telle que, mêlé avec la terre du sol, il pût devenir un amendement ; dans ce cas, il conviendra souvent de pénétrer avec la charrue jusques dans le sous-sol, et d'opérer un mélange de ces deux terres. On peut encore utiliser le sous-sol par des plantations, lorsque le sol est aride ; leur végétation première, retardée d'abord, devient bientôt très-active et très-vigoureuse.

3°. Mais dans l'hypothèse où le sous-sol est d'une nature riche, il ne convient d'y faire pénétrer la charrue qu'après avoir examiné encore l'épaisseur de ce sous-sol, car s'il était mince, et qu'à son tour il reposât sur une couche immense de sable, on détruirait toute fertilité, sinon pour toujours, du moins pour long-temps.

Ainsi, dans la pratique, on devra examiner avec grand soin l'épaisseur du sol ; plus elle est grande, plus la présomption de fertilité est favorable. Les sols peu profonds (15 à 18 centimètres) sont rarement bons, excepté quand ils reposent sur un sous-sol calcaire ou basaltique, qui se décompose facilement.

C'est en général un mauvais sol que celui qui repose trop prochainement sur un sous-sol argileux ou siliceux.

Une terre argileuse très-riche par sa composition intime, peut être très-peu fertile à cause d'un sous-sol imperméable.

Lorsqu'un sol profond produit naturellement des herbes de bonne espèce, on peut conclure qu'il est bon. Si à cette circonstance il joint une couleur brun foncé, alors il est très-riche.

Olivier de Serres disait que la végétation naturelle du sol lui paraissait le véritable critérium des bons terrains. « Si vous ne
« pouvez savoir ce que rapporte une terre
« année commune, regardez les arbres de
« toutes sortes, sauvages et cultivés ; leur
« grandeur, leur petitesse, leur beauté,
« leur laideur, leur abondance, leur rareté,
« vous serviront à juger solidement de la
« fertilité ou de la stérilité de la terre ; sur
« tous lesquels les poiriers, les pommiers,
« les pruniers sauvages assurent le terroir
« être propre pour tous les blés, sous cette
« particularité que la terre à froment est
« propre aux poiriers et celle à seigle où
« le pommier est abondant. Demeurent les
« pruniers de facile venue presqu'en tous
« bons lieux, soit argileux et sablonneux ;
« servent aussi à telle adresse les chardons
« qui marquent le terrain propre aux poi-
« riers, et la fougère aux pommiers. »

On peut encore arriver à l'estimation d'un domaine, plus ou moins approximativement, par la comparaison de la cote d'imposition de ce domaine à celle des terres voisines, ou par celle du montant de leurs baux.

CHAPITRE II.

Des Irrigations (1).

Avant d'entreprendre aucun travail pour l'arrosement des prés, il convient de s'assurer de la qualité des eaux dont on peut disposer. Cette étude, facile pour le chimiste, ne pourrait être faite par la plupart des cultivateurs. Ce qu'il y a de certain, c'est que quelques eaux ne produisent aucun effet fécondant, tandis qu'il en est d'autres qui portent la fertilité sur tous les sols qu'elles arrosent.

Il faut se défier d'une eau dans laquelle les légumes cuisent mal et restent durs, et dans laquelle le savon se dissout difficilement.

L'eau fertilisante entretient les végétaux qui croissent le long des rigoles dans un état de belle venue : c'est un indice qui ne trompe pas.

On pratique l'irrigation de deux manières : ou en faisant courir l'eau à la surface du terrain, ce que l'on appelle *irrigation par immersion;* ou bien en établissant une première rigole principale, une seconde à distance et parallèle à la première, une

---

(1) Cet article ne concerne que les prairies.

troisième également parallèle, et ainsi de suite jusqu'au bas du pré. L'eau qui coule dans la première rigole s'infiltre peu à peu dans les terres, imbibe tout l'espace compris entre la première et la deuxième, pénètre dans la deuxième; de là après avoir imprégné, mouillé l'intervalle de la deuxième, elle arrive dans la troisième et ainsi de suite. Ici l'herbe n'est point mouillée à la surface. Cette méthode d'arrosement est dite *irrigation par infiltration.*

Le meilleur moyen d'extirper d'un pré les prêles, les renoncules, les laiches et autres plantes aquatiques, consiste à pratiquer des saignées, à entretenir avec soin les fossés d'écoulement, et à répandre de la chaux sur les prés. On ne tardera pas à voir les meilleures plantes à fourrage remplacer les mauvaises herbes.

La quantité d'eau nécessaire pour l'irrigation n'est pas toujours la même. Un arrosage par chaque coupe suffit pour la luzerne; les prairies, quand elles ont été bien arrosées d'abord, veulent encore un arrosage quand la terre devient sèche à 20 centimètres de profondeur. Mais il est impossible de déterminer d'une manière même approximative la quantité de mètres cubes d'eau qui convient par hectare; ce que l'on peut dire, c'est que les irrigations, qu'elles se fassent par infiltration ou par immersion, n'exigent à peu près que le même volume d'eau.

Dans tout ce que j'ai dit sur les irrigations, j'ai supposé que l'eau dont on se sert se trouvait à un niveau supérieur à celui du terrain à arroser.

Je ne parlerai pas de tous les travaux d'art qu'on peut exécuter quelquefois pour se procurer de l'eau, puits forés, moulins à vent, canaux, etc., travaux souvent très-chers, longs et difficiles ; je me borne à faire connaître l'emploi du syphon dans certaines circonstances. Lorsque plusieurs petites sources, distantes les unes des autres, ne donnent qu'un filet d'eau, il est souvent impossible de les utiliser, car ces eaux sont absorbées par la terre avant d'arriver dans la pièce qu'on veut arroser, ou bien elles se trouvent vaporisées par le soleil. M. Hellouin, d'Aunay, a retenu toutes ces petites sources par une digue en terre ou en maçonnerie, de manière que leurs eaux réunies forment une mare ; au milieu de cette digue se trouve affourché un syphon, dont la petite branche est dans la mare et la longue branche en dehors de la mare. Ce syphon, fait avec une grosse branche de poirier coudée ou avec des bois ajustés, est construit de manière que la branche longue a 33 centimètres de plus que l'autre, et il est bon de donner à la petite branche un centimètre d'ouverture de plus qu'à la grande ; cette largeur du tube sera continuée dans la courbure. On entoure l'ouverture avec un petit grillage qui puisse s'opposer à l'entrée des corps étrangers. J'ai vu ce syphon fonctionner chez M. Penn Hélouin ; il s'amorce seul, c'est-à-dire que l'eau, arrivée à la courbure de l'instrument, finit, après avoir vaincu l'obstacle qu'oppose l'air de la branche longue, par laisser couler l'eau jusqu'à ce qu'il n'y en ait plus dans la mare. L'ouverture intérieure est assez grande pour donner issue à un fort jet d'eau, qui va arroser un pré situé à environ 150 mètres au-dessous. L'instrument fonctionne nuit et jour, et tout travail d'homme est inutile pour aider à son action.

Dans les irrigations, il faut s'accommoder de manière à recevoir l'eau toutes les fois qu'on le voudra, et à pouvoir la refuser également quand on n'en a plus besoin. Il faut aussi prévoir et prévenir les dommages que pourrait causer le cours d'eau, même dans les inondations les plus fortes.

Toutes les eaux provenant des chemins qui traversent les villages, ou des chemins et des cours fréquentés habituellement par les animaux, seront en général préférables aux eaux de source ou de rivière.

Aussitôt que le foin est enlevé de mes prés, j'y fais couler l'eau ; je l'y laisse plus ou moins long-temps, suivant l'état de l'atmosphère. Lorsque je suppose les prés bien abreuvés, j'ôte l'eau et je ne la ramène qu'après que le regain est enlevé, mais toujours avant l'hiver ; à cette époque on n'a point à craindre de nuire par trop d'eau, et l'on peut la laisser une quinzaine de jours de suite.

Pendant l'hiver, on recommence l'irrigation, mais non d'une manière continue ; c'est-à-dire qu'après avoir laissé couler l'eau pendant sept à huit jours, on est quelques jours sans la mettre sur les prés. Tant que l'eau circule bien, la gelée n'est point à craindre ; mais elle produirait un mauvais effet si les prés n'étaient pas complètement ressuyés ; aussi ne convient-il d'arrêter l'eau que de grand matin, afin que le pré puisse se ressuyer avant le soir.

Au printemps, lorsque l'herbe commence à pousser, on met l'eau dans les prés moins souvent et moins long-temps, et d'autant moins encore qu'on avance davantage dans la saison chaude.

Si le pré n'était pas en pente douce bien nivelée, ce qui indiquerait une grande négligence de la part du cultivateur, il conviendrait dans les endroits trop bas de multiplier les rigoles.

Quant à la valeur des irrigations, elle s'accroît en raison de la sécheresse des terres.

Jusqu'ici j'ai considéré les irrigations comme une excellente pratique, en raison de ce qu'elles donnent à la terre l'humidité nécessaire pour favoriser la végétation des plantes ; mais il est un autre mode d'action tout aussi important peut-être, et que je ne dois pas passer sous silence. D'après les expériences de MM. Becquerel et Mateucci, lors de la germination des plantes, il se produit toujours un acide, ordinairement de l'acide acétique. Il est d'observation que l'acidité, la supposât-on très-légère, est toujours funeste au sol ; cependant il peut reprendre toute sa fertilité par des engrais et des amendements convenables. C'est cette amélioration que les irrigations tendent également à amener : de là cette recommandation de tous les agriculteurs, d'arroser à grande eau, afin d'entraîner sûrement au-dehors toutes les parties acides qui s'opposent à une nouvelle végétation. Ce qui prouve encore que l'expérience, sans se rendre bien compte toujours du mode d'action de l'eau qui coule dans les prés, a constaté le bon effet des irrigations à grande eau, c'est que de tous temps on y a conduit l'eau au moment où il s'y trouve plutôt un excès qu'un défaut d'humidité. Ce n'est donc pas seulement pour arroser le sol, pour le rendre humide qu'on y dirige l'eau, c'est aussi pour le débarrasser des parties acides qu'y développe toujours la végétation. Je trouve une nouvelle preuve de la justesse de cette explication dans ce fait, que lorsqu'un pré est arrosé par des rigoles parallèles, et que par conséquent l'eau en lave successivement toutes les parties, c'est toujours la partie supérieure qui reverdit la première ; la seconde tranche reverdit avant la troisième, et ainsi de même jusqu'à la dernière du pré; aussi dit-on avec raison : l'eau de reprise ne vaut pas la première eau. Je note de plus que cette amélioration des tranches du pré a lieu beaucoup plus vite à proportion dans les premières que dans les dernières. Et ici je n'entends point parler de l'eau bourbeuse, qui, on le conçoit, se débarrasserait tout d'abord de son limon en arrivant dans le pré, j'entends parler d'une eau claire, d'une eau qui ne contient aucun principe étranger. J'ajouterai encore, comme une excellente pratique et qui corrobore la doctrine que je préconise, qu'on obtient de merveilleux effets avec les eaux de savon, de lessive, etc., qui en même temps qu'elles arrosent le pré lui fournissent des alcalis qui neutralisent l'acidité du sol. On arriverait encore au même résultat en semant sur le pré de la chaux, des cendres, de la charrée, etc.

CHAPITRE III.

Des Amendements.

Nous comprendrons dans ce chapitre tout ce qui a pour objet immédiat de débarrasser le sol des principes nuisibles qu'il renferme, ou d'y ajouter des principes essentiels qui lui manquent, soit d'une manière absolue, soit en considération de certaines cultures. En conséquence, nous le diviserons en 5 articles, qui traiteront : 1°. de la purification du sol infecté de principes nuisibles; 2°. de l'assainissement du sol trop humide; 3°. de la chaux; 4°. de la marne; 5°. du plâtre.

ARTICLE 1er.

Neutralisation des matières nuisibles au sol.

Les matières nuisibles aux sols sont ordinairement le sel, le sulfate de fer, certains acides et le tannin.

Il faut enlever ces corps, si on le peut, ou les neutraliser; on parvient quelquefois à les enlever par des irrigations; on les neutralise par le chaulage, le marnage, les fumiers, la charrée, etc.

Les terres qui contiennent du fer sont rouges, jaunes, noires, ou brunes; elles tachent par le contact, et, en général, à cause de leur couleur foncée, les récoltes y sont plus précoces qu'ailleurs; mais une trop forte proportion de sulfate de fer, surtout, les rend infertiles d'une manière presque certaine.

Quant aux terres qui contiennent du sel, si l'on en met un peu sur la langue, on reconnaît immédiatement la présence de cette substance. Lorsque la dose surpasse deux ou trois centièmes, la terre est impropre à la culture. Dans les terrains salés, les arbres viennent mal. On peut cependant y faire de fort bons prés, quand on a le moyen de les arroser d'eau douce. Les animaux sont très-friands de cette herbe, et leur chair y prend un goût, un parfum très-estimé.

Quant aux terres acides et renfermant du tannin, le meilleur moyen est de les arroser et d'y faire des marnages, ou de les chauler.

ARTICLE II.

Assainissement des terres.

Les terrains trop humides, habituellement couverts d'eau, impropres par conséquent à toute culture, sont fort souvent susceptibles d'être transformés en terres arables, et exemptes d'humidité.

Si le terrain a de la pente, il suffit d'ouvrir une rigole principale depuis l'endroit où les eaux sont stagnantes jusqu'à un niveau inférieur, où les eaux s'écoulent dans un ruisseau, une rivière, un fossé. A cette rigole principale viennent aboutir obliquement à droite et à gauche d'autres petites rigoles plus ou moins longues que l'on nomme *éperons*.

On remplit ces petits conduits avec des cailloux recouverts par de la mousse, ou bien encore on y met des fascines assez grosses pour ne pouvoir descendre jusqu'au fond ; on les garnit encore sur les deux côtés avec des pierres qu'on recouvre d'autres pierres plates.

Il faut que ces fossés couverts aient au moins un pour cent de pente, c'est-à-dire un centimètre de pente par mètre ou un mètre sur cent mètres ; mais si le terrain n'a pas de pente, il faut s'assurer, au moyen de sondages faits dans différents endroits du champ, s'il ne serait pas possible de donner écoulement aux eaux dans une couche inférieure du terrain, laquelle couche serait très-perméable.

D'autres fois, lorsque l'humidité est le résultat de l'infiltration des eaux d'une rivière ou d'un canal placé plus haut que le terrain à assainir, on pourra y parer par des digues établies sur l'argile, et qui s'élèveront au-dessus du maximum de l'eau supérieure.

Quelquefois encore on peut s'opposer à l'humidité au moyen d'un fossé creusé à la partie supérieure de la pièce, et qui se déverserait soit dans un autre fossé latéral, soit dans un ruisseau, soit dans tout autre terrain placé plus bas.

A tous ces moyens il faut ajouter les labours profonds et les raies d'écoulement multipliées et bien surveillées.

Lorsque les terrains humides dont on vient d'opérer l'assainissement sont restés long-temps dans cet état d'humidité, on hâte leur mise en valeur au moyen de l'écobuage, c'est-à-dire en brûlant toutes les matières organiques qui s'y trouvent : vieux bois, plantes, racines, gazons, etc. C'est une manière sûre de détruire l'acidité qui existait et de rendre salubres tous ces débris, qui profiteront à la végétation et qui seraient restés inutiles. Pour cela, on enlève le gazon, on le met à part, on le fait sécher; en même temps, un labour donné à la terre ramène toutes les racines, les bois qui s'y trouvent; le tout étant mêlé ensemble, on en fait de petits tas auxquels on met le feu; on répand la cendre également sur toutes les parties du champ et on laboure. On pourrait obtenir le même résultat par un chaulage.

ARTICLE III.

Chaux.

Le carbonate de chaux (pierre à chaux qui n'est point cuite) est très-répandu dans la nature; il est peu de sols qui en soient complètement dépourvus. Quoique le terrain calcaire pur soit à peu près impropre à la végétation, l'addition de ce principe dans une autre terre, à la dose de un à six centièmes (1), le rend très-propre à la végétation de toutes les plantes légumineuses (trèfle, sainfoin, lupuline, etc.), ainsi que des céréales.

D'après Th. de Saussure, les plantes venues sur un sol calcaire ne diffèrent pas seulement de celles venues sur un sol granitique par leur coup-d'œil, leur variété, leur richesse; mais elles en diffèrent encore par leurs propriétés nutritives. Sur le sol granitique, les animaux sont plus petits, plus maigres, donnent moins de lait que ceux venus sur des terrains calcaires.

Le carbonate de chaux qu'on a fait cuire, c'est à dire qu'on a réduit à l'état de chaux caustique, est employé partout avec grand avantage, même sur les terres calcaires; son

---

(1) La proportion de 1 à 6 centièmes est en raison de la couche de terre qui a été remuée par un labour ordinaire.

action fertilisante est d'autant plus énergique que le sol dans lequel on le met contient plus de matières nutritives à dissoudre; elle fait merveille en effet sur les sols tourbeux, nouvellement défrichés, où il existe beaucoup de corps organiques (végétaux, animaux); elle produit également un excellent effet sur les terres argileuses et aigres.

Pour employer la chaux, voici les précautions à prendre. Au sortir du four, on la transporte, sans qu'elle soit mouillée, dans le bas d'un champ; là on la met en un tas long, affectant la forme d'un prisme de 75 à 80 centimètres de hauteur; on la recouvre d'une couche de terre épaisse de 22 à 26 centimètres; lorsqu'elle est éteinte, ce qui arrive huit à dix jours après, on la recoupe, c'est-à-dire on reprend successivement tout le tas avec des pelles, en mêlant la couche de terre qui le recouvrait avec la chaux alors pulvérisée; on jette de côté tous les morceaux qui n'ont pu être cuits ni par conséquent se déliter; on redonne la même forme au monceau, et on recouvre cette fois avec une couche de terre de 3 à 4 centimètres seulement. Au bout de quelques jours, on remue encore une deuxième fois la chaux, après quoi on la laisse en tas jusqu'à ce qu'on laboure. Alors on la porte sur le champ, on la met en petits tas qu'on répand à la pelle, et on donne le dernier labour immédiatement.

Il est à désirer que tous ces travaux s'exécutent sans pluie. Si dans les premiers jours que la chaux est en monceau, il venait à pleuvoir, il faudrait veiller à ce que les crevasses formées dans la couche de terre fussent immédiatement remplies avec des gazons ou de la terre.

La chaux met en mouvement tous les principes nutritifs du sol, ce qui fait que si un terrain, après avoir été chaulé, est épuisé par des assolements peu judicieux, on le réduit à un état de stérilité plus grand que si on n'y avait pas appliqué cet amendement. Aussi doit-on donner à la terre les engrais nécessaires pour favoriser la végétation, se rappelant toujours que la chaux est un amendement et non pas un engrais. Toutefois il ne convient pas d'employer les fumiers ni les engrais animaux conjointement avec la chaux et pour la même culture, parce que la chaux décompose les sels ammoniacaux qui sont contenus dans ces engrais; et encore bien que la récolte fût plus riche que si on eût employé la chaux seule, ce que je suis loin de nier, il en résulterait cependant, je l'affirme, une perte réelle. Si, au contraire, on emploie le fumier pour une culture sarclée qui précédera le blé, et qu'ensuite pour ce blé on emploie la chaux à la dose de 4 à 5,000 kilogrammes par hectare, on obtiendra un produit beaucoup plus grand que si pour l'une de ces deux récoltes on eût associé l'engrais à l'amendement, et la terre restera ensuite dans un état de fertilité plus marqué. Ainsi il ne faut jamais, malgré la pratique contraire, appliquer simultanément pour une récolte la chaux et le fumier.

Sous l'influence de la chaux, la terre légère acquiert de la consistance, la terre forte s'adoucit et s'ameublit ; l'argile devient moins plastique, les terres aigres, acides, redeviennent fertiles.

En Angleterre, la quantité de chaux employée est énorme : on en met jusqu'à 500 hectolitres par hectare, ce qui fait 5 pour cent de chaux dans une terre labourée à la profondeur de 17 centimètres. Aussi les Anglais obtiennent-ils des produits doubles au moins de ceux que nous recueillons en France ; mais il convient d'ajouter qu'ils emploient aussi moitié plus d'engrais que nous. En principe, la chaux ne doit jamais être employée en même temps que les engrais azotés (fumiers, poudrette, noir animal, etc.), dont elle décompose les sels ammoniacaux ; je l'ai noté déjà, je crois bon de le répéter.

Dans la Sarthe, on met 10 hectolitres de chaux par hectare tous les trois ans ; dans le département de l'Ain, on en met de 60 à 100 hectolitres tous les neuf ans ; en Flandre, 40 hectolitres par 10 ans ; dans le Calvados, de 7 à 12,000 livres par 4 ans.

La chaux, qui est employée par beaucoup de cultivateurs sur les terres pesantes et humides seulement, réussit fort bien sur des terres légères ; grâce à cet amendement, nous voyons aujourd'hui des petites terres, des terres sablonneuses, porter de belles récoltes, lorsqu'autrefois elles étaient stériles et sans valeur.

La chaux hydraulique paraît plus favorable à la croissance des fourrages et de la paille qu'à celle du grain.

Je ne sais si la chaux cuite au bois exerce sur la végétation une action différente de celle qui est cuite au charbon de terre ; mais, pour éteindre la première, il faut un cinquième de plus d'eau que pour éteindre la seconde. La chaux cuite au bois contient $\frac{7}{100}$ de potasse. (Puvis, Gasparin, Mathieu de Dombasle.)

ARTICLE IV.

Marne.

La marne est une substance terreuse composée principalement de carbonate de chaux, d'argile et de sable, et, suivant que tel ou tel de ces principes y domine, elle est dite marne argileuse ou grasse, marne calcaire, marne siliceuse ou maigre. On appelle marne proprement dite celle qui contient environ moitié de son poids de carbonate de chaux ; celle qui n'en contient que le tiers environ, et dont le sable et l'argile surtout forment la majeure partie, est dite marne argileuse ; si au contraire le carbonate de chaux entre dans sa composition pour deux tiers ou sept huitièmes, elle est dite marne calcaire ; si enfin elle contient moins de 20 pour cent de carbonate de chaux, on l'appelle argile marneuse.

Je crois devoir m'abstenir d'expliquer comment on détermine la quantité proportionnelle de tel ou tel de ces éléments, quoique ce soit chose assez facile. Les cultivateurs, peu exercés aux manipulations, reculeraient devant le travail à faire, quelque simple qu'il soit ; ils trouveront toujours au reste dans leur localité un médecin ou un pharmacien qui, le cas échéant, leur viendra en aide, et les renseignera d'une manière positive.

On a dit que, de tous les corps qui composent la marne, le plus important et le plus précieux est le carbonate de chaux. Cela est vrai en général ; mais les marnes et les principes qui entrent dans leur composition n'ont qu'une valeur relative. Je m'explique : telle marne, qui est riche en carbonate de chaux, sera excellente, si je dois la mettre sur un terrain argileux et pesant, tandis qu'elle sera très mauvaise, si elle est destinée à une terre calcaire légère et peu substantielle ; une marne argileuse et même une argile marneuse aurait beaucoup mieux convenu. Lors donc qu'on aura un marnage à exécuter, il conviendra de prendre en considération la nature particulière de la terre qu'on doit marner, et d'employer une marne riche des principes qui manquent à cette terre.

Les marnes affectent des couleurs très-variées : il y en a de brunes, de vertes, de rouges, de blanches, de jaunes. Quelle que soit au reste leur couleur, il sera toujours facile de s'assurer que telle ou telle de ces terres est de la marne, au moyen d'un acide, de l'acide sulfurique, par exemple ; mis en contact avec la marne, il fera toujours effervescence.

La marne convient d'autant mieux, que les principes qui y dominent sont moins en rapport avec ceux du sol qu'on doit marner.

De tous les terrains, les sables semblent le mieux s'accommoder des marnages.

Toutes les variétés de marne se délitent

à l'air en plus ou moins de temps : c'est à l'argile qu'est due cette propriété.

Le gisement de la marne est tantôt à la surface de la terre, tantôt à une certaine profondeur.

La marne est un des moyens les plus puissants pour la destruction de plusieurs mauvaises herbes : le chiendent, le chrysanthème, etc. ; mais le bleuet, le coquelicot, le haveron semblent l'aimer.

Quoi qu'il en soit, après un marnage bien fait, toutes les plantes poussent vigoureusement, et la terre même la plus épuisée reprend une vigueur nouvelle ; l'avoine surtout acquiert une force extraordinaire ; mais l'épuisement qu'elle occasionnerait, si elle revenait plusieurs fois, lui fait préférer d'abord le blé ou le seigle.

Il y a telle espèce de marne qui, dans des circonstances données, fait sentir ses effets immédiatement, c'est-à-dire dès la première année de son emploi ; d'autres espèces ne font apercevoir leur action qu'au bout de deux ou trois ans.

Quel que soit le bon effet de la marne sur tous les terrains en général, il ne conviendrait point de marner un sol riche et fertile. Bien cultivé et soumis à un assolement régulier, il rend tout ce qu'il peut rendre.

Les effets de la marne durent dix, douze,

quinze et vingt années. La nature du sol, la composition de la marne, le nombre et l'espèce des récoltes influent puissamment sur sa durée.

Une terre, une fois qu'elle a été marnée, doit-elle, sous peine de rester infertile, être marnée de nouveau quand les effets du premier marnage sont épuisés? Les Allemands répondent, oüi, et c'est à cette origine que remonte leur axiome : à père riche, enfants pauvres. Je ne puis pour moi discuter ce fait d'une manière pratique; je pense cependant que, sans marner de nouveau, et au moyen d'engrais appropriés à la nature du sol et à celle des récoltes qu'on doit faire, on pourra remettre la terre dans un état de fertilité égal au moins à celui qu'elle avait auparavant.

Le marnage s'exécute en portant dans un tombereau la marne sur les terres, et en la mettant en petits tas placés à distance égale; elle reste ainsi tout un hiver, et on ne l'enfouit qu'après l'avoir répandue également. Il est bien entendu qu'on ne l'enfouit pas avant qu'elle soit en poudre. On peut la mettre après la deuxième coupe d'un trèfle qui sera pâturé. Quelques agriculteurs en font une sorte de compôt; pour cela, ils la mettent avec des curures de fossés et la laissent ainsi pendant un ou deux ans.

La quantité de marne n'est pas chose indifférente. En général, la dose de 3 de carbonate de chaux pour 100 du poids de la terre mise en mouvement par le labour, est suffisante ; quelques agriculteurs en mettent seulement 1 et 2 pour cent.

Plus la marne est calcaire, moins on doit en mettre ; si c'est un terrain sablonneux qu'on amende avec de la marne grasse, on peut en mettre en grande quantité.

La nécessité de renouveler les marnages se manifeste par plusieurs signes, dont le plus sensible est la réapparition des plantes acides, oseille, etc., qui annoncent l'épuisement de l'élément calcaire.

On n'enterre la marne qu'à une petite profondeur, et malgré cet amendement donné à la terre, il convient de la fumer comme si elle n'avait point été marnée, par la raison que la marne, comme la chaux, n'est point un engrais, mais bien un amendement.

ARTICLE V.

Plâtre (gypse, sulfate de chaux).

Le plâtre est aujourd'hui très-employé par tous les agriculteurs, et quoiqu'il n'exerce sur quelques terrains aucune action fertilisante, on peut dire qu'en général il produit sur certains végétaux une action très-marquée. La petite quantité qu'on emploie habituellement, le bas prix auquel il revient, les effets merveilleux qu'il produit dans la plupart des cas, ont puissamment contribué à son emploi. Un plâtrage bien fait peut doubler la quantité des fourrages.

Cet amendement s'emploie surtout avec grand avantage pour activer la végétation de toutes les plantes de la famille des légumineuses. On appelle de ce nom le trèfle, la luzerne, les pois, les haricots, le genêt, l'ajonc marin, l'acacia, etc. Il réussit encore sur les crucifères (plantes dont la fleur forme une croix), le chou, le colza, le navet, ainsi que sur le sarrasin. Le chanvre paraît également très sensible à son action, mais je ne l'ai point vérifiée par moi-même sur ces deux plantes.

J'ai déjà dit que le plâtre ne produit pas partout d'action notable sur les végétaux, il se pourrait que cela tînt à quelques influences du climat, ou, ce qui me paraît le plus probable, à la composition chimique du sol ou à sa manière d'être géologique. Il se pourrait encore que la qualité du plâtre ou la quantité employée, l'époque de son application, la température qui la précède, l'accompagne ou la suit, pûssent influer d'une manière notable sur la non-réussite ; quoi qu'il en soit, on doit observer scrupuleusement certaines règles dans l'emploi de ce moyen. Je vais noter en peu de mots, au risque de paraître minutieux, celles que l'expérience m'a fait connaître, et celles aussi qui ont été recommandées par les praticiens les plus habiles. Il convient avant tout que le plâtre soit bien pur, qu'il n'ait pas été fraudé. Certains cultivateurs ont l'habitude d'acheter du plâtre réduit en poudre : ils s'exposent ainsi à n'avoir qu'un mélange de sulfate de chaux (plâtre) et de carbonate de chaux (poudre de pierre à chaux). Mieux vaut avoir le plâtre en pierre, qui se reconnaît toujours facilement. On peut le réduire en poudre au moyen d'une meule en granit comme celles dont on se sert pour écraser les pommes. Le plâtre cru a la même valeur comme amendement que le plâtre cuit, seulement celui-ci se divise plus facilement.

Le plus souvent on plâtre au printemps, lorsque la plante commence à couvrir le sol. Quelquefois on plâtre à deux reprises ; je préfère de beaucoup un seul plâtrage, à moins qu'il ne s'agisse d'une prairie artificielle, qu'on ne fasse le premier aussitôt que la céréale qui protégeait cette prairie est enlevée, alors on peut compter sur une première coupe à l'automne.

Si les circonstances n'étaient pas favorables au printemps, il serait rationnel d'attendre à plâtrer après la première coupe, ce serait un moyen de fertiliser la seconde. Quel que soit au reste le parti qu'on prenne, il convient de répandre le plâtre par un temps doux, un peu humide, mais non pluvieux. C'est une erreur d'attendre la pluie pour cette opération. Il faut éviter que le vent souffle du nord, ou que le sol soit gorgé d'humidité. Si, quelques jours après que le plâtre a été répandu, la température vient à être froide, il est à craindre que le plâtre ne fasse que peu d'effet.

La dose est la même que celle qu'on emploie pour faire une semaille de seigle ou d'orge, environ deux hectolitres et demi par hectare.

Dans les terrains où le plâtre ne réussit pas, on obtiendra, pour la venue des légumineuses, de très-grands avantages des cendres lessivées (charrée).

L'hectolitre de plâtre cru et moulu pèse de 120 à 124 kilogrammes.

CHAPITRE IV.

Engrais.

Dans ce chapitre nous allons consacrer un premier article à la théorie générale des engrais ; nous traiterons 2°. du fumier ; 3°. de l'emplacement qui lui convient ; 4°. de son emploi ; 5°. des divers engrais supplémentaires ; 6°. nous rendrons compte de certaines expériences sur des engrais énergiques trop négligés ; 7°. enfin, nous présenterons quelques considérations générales sur les engrais.

ARTICLE 1er.

Théorie générale des Engrais.

Les végétaux ne peuvent se développer hors du contact de l'air ; des expériences précises et sévères ont suffisamment démontré ce fait ; mais les principes puisés dans l'atmosphère ne suffisent pas à la vie et au développement des végétaux ; ils ne peuvent non plus vivre sans eau, et il faut de plus que le sol leur fournisse d'autres corps solubles qui leur sont également nécessaires. Ainsi de nombreux agents sont essentiels à la végétation, et il convient que la terre les possède tous, sans quoi le cultivateur se trouve dans la nécessité d'y suppléer. En effet, ce n'est pas assez que d'avoir mis la terre dans un état convenable par les labours et les autres façons, il faut encore procurer aux plantes qu'on lui confie les aliments dont elles ont besoin, sans quoi elles ne se développeront que d'une manière imparfaite. Pour arriver à ce résultat, on emploie les engrais.

Les plantes ne prennent pas toutes dans la terre la même nourriture; telle plante s'accommodera de telle substance, sans jamais absorber à son bénéfice et pour sa végétation telle autre substance, quoique fort abondante dans le sol dans lequel s'opère son développement. Les légumineuses aiment le plâtre, dont le froment ne prend aucune partie; la fougère, le châtaignier se plaisent dans les lieux abondants en potasse et non dans les terres calcaires (ce qui explique pourquoi un chaulage un peu fort ou un marnage font disparaître du sol les fougères qui s'y trouvaient auparavant en grande quantité).

Cette vérité bien démontrée peut expliquer comment l'association de deux espèces de plantes dans une même culture produit une récolte totale plus considérable que si l'on avait cultivé chacune de ces plantes séparément. Elle sert de base au système des successions de culture. L'expérience prouve en effet que le blé, par exemple, viendra mieux après une plante de la famille des légumineuses qu'après une autre céréale : c'est que les légumineuses absorbent entre autres fort peu d'alcalis, et que tous ceux qui sont contenus dans la terre restent là pour le service du froment, qui en absorbe une grande quantité. D'un autre côté, il est des engrais qui profitent à toutes les plantes, aux céréales, aux légumineuses, aux racines, etc.

Peut-être serait-ce ici le lieu d'exposer une théorie qui, si elle n'est pas absolument prouvée, est au moins spécieuse : je veux parler de la théorie des excrétions, préconisée par M. Decandolle et Macaire Princeps, mais cette question m'entraînerait dans des détails trop longs, et plutôt spéculatifs que pratiques. Je préfère m'en tenir aux faits.

D'après ce que je viens de dire, on appellera *engrais* toute substance qui sert à la nourriture ou au développement des plantes.

Les auteurs divisent ordinairement les engrais en engrais animaux, engrais végétaux et en engrais minéraux. Cette division, tirée de l'histoire naturelle, n'est d'aucune utilité pratique en agriculture, La seule vraiment profitable, si elle était possible, serait celle qui classerait les engrais suivant les cultures auxquelles ils conviendraient le mieux. Mais, il faut bien l'avouer, ni la science ni la pratique ne sont encore en état de formuler une telle classification.

Dans tous les végétaux on trouve de l'azote, de l'oxigène, de l'acide carbonique, de l'hydrogène ; les trois premiers corps sont en partie fournis par l'air, l'hydrogène provient de la décomposition de l'eau. Si tous ces agents jouent un rôle important dans la végétation des plantes, il en est un, l'azote, qui non seulement se retrouve constamment et partout, mais dont la quantité est toujours en raison directe de la belle venue, de la vigueur et de l'importance de la plante. L'azote paraît donc un des aliments les plus essentiels, un des engrais les plus fertilisants pour presque tous les végétaux, et ici je citerai un fait très-remarquable suivant moi : c'est que les sels ou les engrais livrés à l'agriculture par le commerce, sont tous d'un prix proportionnel à la quantité d'azote qu'ils contiennent. Le fait n'aurait rien d'étonnant s'il avait eu pour base la connaissance acquise de l'action fertilisante des principes azotés, mais la corrélation dont je parle était établie long-temps avant qu'on se doutât de l'action de l'azote sur les végétaux.

Ces éléments combinés de manières très variées forment les gommes, les fécules, le sucre, le gluten, etc.; ils produisent également les acides, les résines, etc., etc.

Les analyses chimiques faites dans des pays différents, et par des savants qui n'ont pas tous procédé de la même manière, ont prouvé que, dans toutes les plantes, outre le carbonne, l'azote, l'oxigène et l'hydrogène, il se trouvait encore un ou plusieurs des corps suivants : silice, alumine, chaux, magnésie, oxide de fer, phosphates, potasse, soude, chlore, etc. L'eau chargée de ces substances qu'elle tient en dissolution, pénètre dans les vaisseaux des racines; aspirée vers le sommet de la plante par l'action vitale, et par l'effet de la capillarité, elle se vaporise dans les parties vertes, en y perdant son oxigène. La sève s'épaissit donc de plus en plus dans les parties supérieures de la plante, et les parties terreuses et alcalines, après plusieurs réactions, et après des modifications qu'elles reçoivent de la vie végétale, parviennent dans divers organes préparés à les recevoir.

Presque tous les corps qui viennent d'être énumérés existent dans les engrais animaux. En déposant donc ces substances dans la terre, nous y mettons tous les agents dont la plante a besoin pour se former. Mais quelques-uns de ces engrais ne peuvent agir convenablement, si, au préalable, ils n'ont subi la fermentation. Cette fermentation doit presque toujours s'opérer dans le sol qu'il s'agit de féconder, sans quoi plusieurs agents de fertilisation se seront évaporés en pure perte.

Il convient donc de donner à la terre tous les agents de fertilisation contenus dans les fumiers, et en outre tous ceux qui proviennent de la fermentation, sans quoi elle finirait par s'épuiser. Une terre s'épuise en effet, parce qu'on ne lui fournit pas les principes fertilisants nécessaires au développement des plantes qu'on doit lui confier ; elle s'épuise parce que chaque végétation lui enlève quelques-uns de ces principes qu'elle contenait ; elle s'épuise encore parce qu'elle se remplit d'émanations acides produites par la végétation.

On prévient cet épuisement, ou l'on y remédie, par les fumiers et par les engrais supplémentaires (1).

ARTICLE II.

Des Fumiers.

On donne spécialement le nom de fumier

---

(1) En ne parlant ici que des fumiers et des engrais supplémentaires, je n'entends point que ce soient les seuls moyens à employer pour féconder la terre, je compte au contraire pour beaucoup l'amélioration qui provient des labours et des autres façons données à la terre.

aux excréments des animaux mêlés à la litière.

La qualité du fumier dépend de celle du fourrage, de l'espèce d'animaux qui l'ont consommé, de la proportion et de la nature des litières, et surtout de la manière de le traiter.

Le bétail bien nourri fournit des déjections plus abondantes et plus fertilisantes que celui qui est réduit à une chétive nourriture.

Les animaux nourris avec des fourrages plus substantiels donnent un fumier plus actif. Les déjections des animaux sains et gras sont beaucoup meilleures que celles des animaux maigres ou malades.

Enfin la qualité du fumier devient d'autant moins bonne qu'une quantité plus grande de litière y prend place.

La litière est suffisante pour peu qu'elle procure aux bestiaux un couchage doux, et qu'elle puisse absorber une partie des déjections. Plus le fourrage est aqueux et volumineux, plus il faut donner de litière. Autant que possible, elle ne doit pas adhérer au corps de l'animal.

Une litière excellente, aussi bonne que la paille, c'est la fougère. Aucun autre végétal, j'entends de ceux dont on peut se servir habituellement et communément pour litière, ne produit une aussi grande quantité de potasse, mais il faut alors qu'elle ait été fauchée avant d'avoir séché sur pied.

On pourrait quelquefois dans les étables de bêtes à cornes, se servir de branches de genêt, de ramilles d'arbres verts, de bruyères, etc., en ayant soin de les y laisser quelque temps. Quant aux feuilles sèches et à la mousse, outre qu'elles ne contiennent point de principes fertilisants, elles remplissent assez mal le but qu'on se propose d'atteindre.

Il y a diverses espèces de fumiers, suivant l'espèce d'animaux qui les a produits.

Fumier des bêtes à cornes. — Il est lent dans son action, mais cette action est uniforme. Il agit pendant long-temps, il est convenable pour tous les terrains; la navette, le colza, le chou s'en accommodent bien. Il ne convient pas au lin. Celui des vaches laitières a moins de valeur.

Fumier de cheval. — Son action est plus énergique, mais de moindre durée. Il convient surtout pour activer la première végétation d'une récolte, du chanvre, par exemple. Il convient aux sols argileux, profonds, froids. Ailleurs il pourrait quelquefois être nuisible.

Fumier de mouton. — Le plus substantiel de tous les fumiers. Il ne se mêle que très-imparfaitement avec la litière, de là la nécessité de le laisser long-temps dans les bergeries.

Il convient surtout aux terrains argileux, lourds, froids. Il est préférable à tous les autres pour la navette et le colza.

Fumier de porc. — Fort estimé en Angleterre, le fumier de porc s'emploie rarement seul. Son urine âcre et corrosive peut nuire à la jeune plante qui pousse, mais il produit de bons effets employé en couverture ou dans les prés.

ARTICLE III.

Emplacement du Fumier.

Dans la plupart de nos exploitations, les fumiers une fois sortis des écuries sont si mal traités, qu'il semble que l'emplacement et la disposition soient désormais chose indifférente. Ici on les laisse abreuver par des eaux qui viennent de sources souterraines, ou par les égouts des bâtiments ; là au contraire, placés sur un endroit élevé, ils sont brûlés par le soleil ; partout ou presque partout ils sont entassés sans méthode et avec une négligence que n'ont pu vaincre encore ni les sages conseils des meilleurs agronomes, ni les rares exemples d'une pratique sensée, donnés par quelques cultivateurs.

Voici en peu de mots les règles qui devront être suivies dans le choix d'un emplacement pour le fumier :

Dans le voisinage des écuries, et autant que possible, à l'exposition du nord, sur un terrain argileux naturellement, ou s'il n'est pas argileux, recouvert d'une couche de glaise bien battue et rendue imperméable, on établira une aire légèrement inclinée vers le centre, ou vers un des côtés. A la partie la plus basse de cette pente, on établira une fosse maçonnée de 1 mètre de profondeur, et de 2 à 3 mètres de largeur, où se rendra le jus ou purin provenant des fumiers. Cette fosse sera recouverte d'un grillage en bois. Au fond du puisard, on établira une pompe, à l'aide de laquelle ou pourra extraire le purin, soit pour arroser le fumier s'il était trop sec, ou pour modérer sa chaleur, s'il s'échauffait outre mesure, soit encore pour le répandre sur les prairies naturelles ou artificielles, etc. On pourrait encore, comme cela se fait dans quelques fermes de la plaine de Caen, établir autour de l'aire un petit mur pour empêcher l'eau de s'y introduire.

On évitera que les eaux découlant des bâtiments aillent mouiller le fumier, qui ne doit recevoir d'eau que celle qui lui provient naturellement des pluies.

L'emplacement doit être assez vaste pour que le fumier ne s'élève pas trop haut ; 1 mètre et demi à 2 mètres, sont une hauteur qu'on ne doit pas dépasser.

Il convient d'élever le fumier verticalement, et de le tasser de manière à ne pas laisser de vide.

Autant que possible, il sera garanti d'un soleil trop ardent par l'ombre de quelques arbres.

Enfin l'emplacement sera tel que les voitures puissent y accéder facilement.

Telles sont les précautions principales qu'on devra prendre, et qui, par leur simple énoncé, se comprennent assez facilement pour que je croie pouvoir m'abstenir de toute explication.

En Flandre on laisse le fumier très-longtemps sous les bestiaux, il y en a quelquefois une couche de 1 à 2 mètres, et pourtant on ne connaît pas ce que c'est qu'une épizootie. En Hollande, au contraire, le fumier est enlevé tous les jours, et les maladies des animaux y sont plus fréquentes, au dire d'écrivains dignes de foi. Il est certain, du moins, que plus le fumier reste long-temps dans les écuries, plus il a de qualités. Je ne crois pas que sa présence nuise autant qu'on l'assure à la santé des animaux ; en supposant que l'odeur (les émanations) en soit malsaine, elle ne se fait guère sentir que lorsqu'on le remue.

Ce n'est pas un conseil que je donne ici, c'est un fait que j'exprime.

ARTICLE IV.

Emploi du Fumier.

Il arrive souvent, dans nos exploitations, que tous les fumiers sont mêlés ensemble, de telle manière que l'énergie, la facilité d'évaporation des fumiers chauds se trouve tempérée par l'humidité et la douceur des fumiers froids.

Cette pratique n'est pourtant pas sans inconvénients dans une exploitation composée de terres de diverses natures, où l'on devrait traiter à part les fumiers provenant de diverses espèces d'animaux, de manière à fumer chaque pièce avec un fumier approprié à sa manière d'être.

Convient-il d'employer les fumiers frais, c'est-à-dire à la sortie de l'étable ou de l'écurie, ou bien de ne les employer que lorsqu'ils sont consommés et arrivés à cet état où on les coupe facilement en tranches?

Les fumiers frais, sortant de l'étable ou de l'écurie, contiennent un cinquième de leur poids de matières insolubles dans l'eau. Ces matières, par conséquent, ne peuvent servir à la nutrition des plantes qu'autant qu'elles seront converties en composés solubles, en acide carbonique et en sels ammoniacaux.

Or, cette transformation ne peut s'opérer

sans qu'au préalable il y ait eu fermentation, et cette fermentation ne peut se faire que sur une grande masse; si donc on enfouit les fumiers au sortir des écuries, on dépose dans la terre plusieurs corps insolubles, comme je l'ai dit, et qui resteront ce qu'ils sont, puisque la fermentation ne peut s'exécuter sur de petites masses.

Si, au contraire, les fumiers sortis des écuries sont placés en tas dans la fosse à fumier, et abandonnés ainsi pendant plusieurs mois, jusqu'à ce qu'ils aient subi une décomposition complète, voici ce qui arrivera : la masse des fumiers s'échauffe, la fermentation commence; de la réaction des différents corps qui entrent dans leur composition, résultent des corps nouveaux, qui, presque tous gazeux, s'évaporent et sont perdus pour la végétation. Perte immense, car, pour l'apprécier, il faut songer que 100 voitures de fumier frais se trouvent réduites à 75 au plus. A cette première raison, qui à elle seule suffirait pour dessiller les yeux des plus obstinés, il faut joindre encore la perte de la chaleur.

C'est donc une mauvaise pratique que d'attendre pour employer les fumiers que la fermentation soit achevée, et qu'ils soient entièrement consommés. Elle a beau être répandue dans notre pays, elle n'en est pas plus rationnelle. L'appréciation de la richesse, de la bonté, de la valeur d'un fumier d'après la facilité avec laquelle il se coupe à la bêche et s'enlève en mottes, ne se justifie ni par la théorie ni par la pratique.

Entre les deux modes extrêmes de l'emploi du fumier, il existe un moyen terme qu'il convient de saisir. La pratique confirme en ce point les conseils de la science.

Avant d'enterrer les fumiers, il convient de leur laisser subir une fermentation légère, qu'on arrête aussitôt que la paille a commencé à brunir et à prendre de la consistance. La chaleur ne doit pas s'élever, au milieu de la masse, à plus de 28 degrés du thermomètre centigrade, sans quoi les gaz se dégageraient au détriment de la qualité. C'est alors que le fumier est conduit aux champs, où on l'enterre immédiatement, en le mettant dans la raie tracée par la charrue. Moins il restera long-temps en petits tas, mieux ce sera : de cette manière, il est facile de concevoir que la fermentation commencée continuera de se faire, quoiqu'en petite mase. A mesure que les gaz se produiront, ils seront absorbés par les plantes qu'on aura semées, et ils contribueront puissamment à leur développement, à leur belle venue, d'autant mieux que la chaleur qui résulte de la fermentation leur viendra encore en aide.

Tous ces phénomènes, qui ne peuvent être contestés, sont chaque jour mis en évidence par la pratique; j'entends une pratique éclairée. Telle est donc la manière de procéder dans la plupart des cas; cette pratique, il faut l'avouer, présente quelquefois certaines difficultés, car il n'est pas toujours possible de labourer la terre au moment où le fumier devrait être enfoui. Heureusement la science est encore venue au secours de la pratique, en faisant connaître un moyen qui permet de différer l'enfouissement du fumier. A l'aide de l'acide sulfurique, on s'oppose à l'évaporation des gaz : on ajoute à de l'eau ordinaire de l'acide sulfurique (huile de vitriol) à la dose de deux ou trois grammes d'acide par litre d'eau; l'on en arrose le fumier quand on le sort de l'écurie. On peut encore se servir de plâtre broyé, que l'on sème sur le fumier frais, de manière que toute la surface soit légèrement blanchie. On obtient le même résultat, et même plus sûrement, au moyen du sulfate de fer. Les gaz qui s'évaporent, qui se volatilisent, sont arrêtés en quelque sorte par l'acide ou par le plâtre, et restent là pour le bénéfice des récoltes. Grâce à cette action, les fumiers peuvent être enterrés quand les occupations du cultivateur le lui permettent, ou quand la terre peut être convenablement labourée.

Dans la plupart des exploitations, la quantité de fumiers fournie par les bestiaux élevés sur la terre, devra suffire à peu près pour les fumiers nécessaires à la végétation, si l'assolement est bien entendu. Nous supposons que l'on élève, comme on le devrait toujours, une tête de gros bétail par hectare, ou six moutons, ou quatre porcs. Toutefois, comme je le dis ailleurs, il est des principes que les fumiers ordinaires ne rendent pas à la terre; d'un autre côté, la proportion normale de bestiaux qui vient d'être mentionnée, se rencontre rarement dans nos exploitations. Il est donc sage de recourir quelquefois à d'autres agents de fertilisation, dont nous allons maintenant nous occuper.

ARTICLE V.

Engrais supplémentaires.

Pour suppléer à l'insuffisance des fumiers ordinaires, ou pour leur restituer les principes qui leur manquent, ou bien encore pour leur donner un titre plus élevé, on peut employer diverses substances. Je vais indiquer brièvement quelques-unes des plus utiles. Comme beaucoup d'entr'elles doivent surtout leur action à l'azote qu'elles possèdent, soit sous forme de nitrate, soit sous celle d'ammoniaque, je vais, autant que possible, en noter la quotité, avec le prix de revient de ces agents.

Nitrate de potasse. (sel de nitre, salpêtre).
— Ce sel coûte, dans le commerce, 75 centimes le demi kilogramme, beaucoup trop cher, par conséquent, pour qu'on puisse s'en servir avec avantage en agriculture. M. Schattenmann n'en a d'ailleurs obtenu aucun effet sur les luzernes et les trèfles, bien que son action ait été marquée sur les graminées (herbes des prés) et sur le blé.

Mais on peut se dispenser de recourir à l'achat direct du nitrate de potasse, car il est facile de l'obtenir pour un prix très-minime. Voici comment : on construit de petits murs peu épais avec de la terre calcaire et un peu d'argile, mêlées et gâchées avec des cendres, de la paille et même des fumiers ; on recouvre ces murs avec un toit ; de temps en temps on les arrose, et au bout de l'année, il sont chargés de nitrate de potasse. Si l'on n'a pas employé de cendres, on a un nitrate de chaux tout aussi bon. C'est ce qui donne aux vieux matériaux de démolition une valeur fertilisante si extraordinaire.

Cent kilogrammes de nitrate de potasse contiennent environ quatorze kilogrammes d'azote.

Hydrochlorate de soude (sel de cuisine).
— Ce sel contient de la soude et du chlore, qui se retrouvent dans beaucoup de végétaux, mais surtout dans les céréales. Le prix

auquel on peut l'obtenir désormais en France permettra de l'employer comme engrais, si l'expérience des cultivateurs vient confirmer les résultats obtenus déjà par des savants qui se sont occupés de son action sur les plantes.

Les anciens semaient du sel sur les terres pour les rendre stériles, et l'on arriverait aujourd'hui encore au même résultat, si l'on mêlait le sel à forte dose à la terre qui doit être cultivée ; mais c'est tout simplement une question de quantité, et malgré l'opinion de M. Mathieu de Dombasle, il semble bien constant aujourd'hui, d'après les expériences de MM. Le Coq, Becquerel et de beaucoup d'autres, que le sel peut être employé avec grand avantage, comme agent de fertilisation, dans la culture des blés surtout, pour la belle végétation des poiriers et des pommiers, et comme coudiment dans la nourriture des animaux. Peut-être ce dernier mode d'emploi est-il le plus convenable, car, outre l'avantage de faciliter la digestion chez tous les animaux, il rend encore leurs excréments beaucoup plus fertilisants et plus riches, comme le prouve l'exemple suivant.

M. Muntz, dans un rapport fait au comice de Wissembourg, affirme que les cordiers du Palatinat préfèrent de beaucoup les chanvres et les lins venus dans le pays de

Bade, à ceux qui poussent en France dans le voisinage, sur des terrains absolument semblables et de même nature. Les fils qui en proviennent sont beaucoup plus forts. La seule raison qu'on puisse alléguer pour expliquer cette différence et justifier la préférence qu'on leur accorde, c'est que dans le pa s de Bade le fumier est produit par des bestiaux qui mangent du sel, tandis qu'ils n'en consomment pas en France.

Quoi qu'il en soit, le sel peut être regardé comme un fort bon engrais, s'il est employé à doses convenables, en temps opportun, et sur des terres qui ne possèdent point de soude ni de chlore en quantité nécessaire pour l'alimentation des plantes. Son action sera nulle, pourra même être nuisible sur celles qui en possèdent suffisamment. Un sol qui aurait plus de deux pour cent de sel serait stérile (1).

Quelques précautions devront être observées dans l'usage que l'on en fera. Il ne faut jamais employer le sel que lorsqu'une plante aura poussé de 6 à 7 centimètres. Le sel nuit à la germination, d'après les expériences de M. Becquerel. Les plantes venues sous son influence sont plus difficiles à dessécher. On a vanté des doses différentes pour diffé-

---

(1) J'entends deux pour cent de la terre remuée par les labours.

rentes cultures : ainsi, 300 kilog. par hectare pour l'orge; 150 kilog. pour la luzerne ; 250 pour le lin. Le sel répandu autour des poiriers et des pommiers dans le mois d'octobre, produit, dit-on, un merveilleux effet. On le répand au mois de mars sur les céréales, lorsque la terre est mouillée. Dans les prés humides on peut le répandre au moment de la végétation; dans les prés secs, on attend que des pluies aient mouillé le terrain. D'après certains auteurs, les légumineuses s'accommoderaient mal du sel ; d'autres auteurs affirment le contraire. Les fourrages pour la venue desquels on a employé le sel sont de qualité supérieure.

Chair musculaire. — La chair musculaire se vend 16 fr. les 100 kilog. elle renferme 13 pour 100 d'azote qui revient à peu près à 1 fr. 33 c. c'est un excellent engrais (1).

Poissons. — La valeur fertilisante des poissons desséchés est d'environ 4 fois celle du fumier d'auberge, poids pour poids.

Sang. — Le sang desséché contient environ de 15 à 18 pour cent d'azote. M. Payen estime qu'un kilogramme de sang sec équivaut

---

(1) Il convient de le mêler avec de la suie, pour en dégoûter les animaux.

à 72 kilogrammes de fumier de cheval. Le sang fait la base de l'engrais connu sous le nom de Noir-animal. Pour fabriquer cet engrais, on le mêle avec des matières charbonneuses. En comparant l'effet obtenu du noir qui renferme 15 à 20 centièmes de sang, avec les résultats d'une quantité équivalente de sang employé seul, on a constaté que le noir produit environ quatre fois plus d'effet que le sang qu'il renferme. Cette sorte d'anomalie apparente est facile à comprendre, en se rappelant que le charbon a la propriété de retarder la putréfaction, et de plus d'absorber les gaz que celle-ci développe. Le sang mélangé avec du charbon se décompose donc assez lentement pour que la plante ait le temps d'absorber et de s'assimiler les produits de la fermentation, tandis que le sang, employé seul, se putréfie tellement vite, qu'une grande partie des produits de cette décomposition se répand dans l'atmosphère, sans agir sur les plantes du champ ainsi fumé. Le sang seul se décompose donc trop promptement ; quand on le mêle à du charbon, la décomposition ne s'en fait que lentement, et si on peut le dire, au fur et à mesure des besoins de la plante.

Os. — La poudre d'os non épuisée livrée par le commerce contient 5,30 pour 100 d'azote. Elle se vend 12 fr. les 100 kilog. On en met ordinairement de 15 à 40 hectolitres par hectare.

Outre l'azote fourni par les matières grasses des os, ils contiennent encore des phosphates, engrais précieux et d'autant plus à priser que la cendre de presque tous les végétaux contient des phosphates, et que d'ailleurs presqu'aucun de nos engrais ne les restitue au sol. En effet, l'absorption des phosphates se fait surtout au bénéfice des grains de blé, et ces grains ne concourent en rien à la formation des fumiers, puisqu'ils sont exportés en quelque sorte et vendus en halle, et que les bestiaux n'en mangent point; d'un autre côté, les vaches laitières qui paissent dans nos prés, absorbent les phosphates de toutes les herbes qu'elles mangent, et ces phosphates vertissent presqu'en totalité au bénéfice du lait; par conséquent, leurs excréments n'en contiennent point ou presque point. Aussi a-t-on vu des prairies, engraissées seulement par les déjections des vaches laitières, perdre toute leur fertilité, et ne la recouvrer qu'au moyen de la poudre d'os. Dans certaines localités, l'expérience a prouvé que les herbages destinés à l'engraissement des bœufs cessaient bientôt d'être fertiles si on y mettait des vaches laitières.

En Angleterre, pour rendre les os plus

solubles, on mêle 20 kilog. de poudre d'os avec 10 kilog. d'acide sulfurique; on ajoute 30 livres d'eau; on agite le mélange, qui prend une consistance de bouillie; on ajoute alors 1000 litres d'eau, et on transporte dans les champs.

La quantité de phosphates contenue dans la plupart des terres est, en général, très-minime, et pourtant un hectolitre de blé en absorbe plus d'un kilogramme. Aussi a-t-on vu des terres qui, après avoir fourni pendant long-temps de riches récoltes, devenaient stériles, par ce motif seul qu'on ne leur restituait pas les phosphates qu'elles avaient dépensés.

Chiffons de laine. — Les chiffons de laine contiennent environ 18 pour cent d'azote, qui revient environ à 30 centimes le kilog. Je ne connais pas d'engrais qui fournisse l'azote à si bas prix. On en met environ 3000 kilogrammes par hectare. Avec cet engrais, on remplace 45,000 kilog. de fumier qui renferment 355 kilog. d'azote, tandis que les chiffons en contiennent 540, et pourtant cette quantité coûtera au plus de 170 à 200 francs, tandis que le fumier coûtera 300 francs.

J'ai fait, il y a deux ans (1847), 81 ares de blé avec 2,400 kilog. de ces chiffons. J'ai eu le plus beau blé de la contrée. Malheureusement je n'ai pu connaître le rendement, par un concours de circonstances fortuites que je ne pouvais prévoir.

Voici de quelle manière j'emploie les chiffons de laine : je les fais couper assez grossièrement, puis on les transporte dans le champ au moment où on le laboure : à chaque raie que forme la charrue, des femmes mettent dans cette raie les morceaux de laine; un nouveau trait de charrue les recouvre. Malgré toutes les précautions, il reste encore quelques morceaux qui ne sont pas enterrés et qui se voient à la surface : un homme armé d'une houlette renfonce ces morceaux; alors on peut herser pour enterrer le blé. Les chiffons coûtent 15, 18, 20 et 25 fr. les 500 kilogrammes.

On utilise encore comme engrais très-riche, les plumes, les poils, les sabots d'animaux, les cornes, les cretons, les cuirs, etc., etc.

Suint. La laine est enduite d'une matière que l'on appelle *suint*, composée d'un savon à base de potasse, d'une substance animale particulière, de chaux, de carbonate, d'acétate et d'hydrochlorate de potasse. La quantité de suint est d'autant plus considérable que la laine est plus fine.

A tous ces agents, qui, employés comme engrais, sont d'une grande fertilité, on ajoute à l'eau nécessaire pour dégraisser la laine, de l'urine ammoniacale ou vieillie, et quelquefois du savon. On voit, par ce simple énoncé des principes qui sont contenus dans cette eau de dessuintage, quelle perte on fait en la jetant. Elle ferait merveilles sur les prés, sur les trèfles, sur les luzernes, etc.; il conviendrait toutefois de la mêler à de l'eau en quantité suffisante pour en diminuer le titre ou la force.

Urine. — L'urine est un engrais très-riche lorsqu'elle a subi un commencement de décomposition. Les urines fraîches de tous les carnivores contiennent un acide plutôt nuisible qu'utile aux plantes. C'est probablement à cet acide et à la chaleur assez forte de l'urine qui sort de la vessie qu'il faut attribuer le mauvais effet qu'elle produit sur presque toutes les plantes. Si au contraire on la laisse quelque temps sans la répandre, elle devient alcaline et elle convient alors merveilleusement à la végétation. On peut fixer de la manière suivante la valeur fertilisante des urines de différents animaux : celle de la vache vaut trois fois le fumier d'étable; celle du cheval douze fois; celle du mouton quinze fois; celle de l'homme vingt fois. Je dois dire toutefois que quelques analyses ont donné des résultats différents.

Dans presque toutes les fermes on perd non seulement l'urine des hommes, mais encore une partie de celle des animaux, car le purin qui très-souvent coule dans les cours, les infecte et les salit, provient presqu'en entier des urines.

Matières fécales. — A Grenoble, on emploie, sans aucune préparation, les excréments humains pour la culture du chanvre. A Lyon, on les délaie dans l'eau; en Chine, on les pétrit avec de l'argile; à Paris, on les convertit en *poudrette*. Pour cela, on les expose pendant quatre à cinq ans à l'air et au soleil dans des emplacements plus ou moins grands, suivant la quantité qu'on a à dessécher; pendant ce temps, ces matières perdent, par la fermentation, par les brassages, par les pluies, une grande partie de leur valeur fertilisante, environ les 4/5. Cette manière de faire est, comme on le voit, la plus mauvaise de toutes; cependant, malgré cette mauvaise préparation, la poudrette donne tout d'abord une grande activité à la végétation, mais son action s'épuise bientôt, et devient presque nulle au bout de quelques mois. Si l'on emploie cet engrais pour certaines cultures, il communique aux plantes une mauvaise odeur ou plutôt une saveur désagréable; on prétend même que des vaches qui seraient nourries avec des fourrages venus sous son influence, fourniraient un lait qui aurait mauvais goût. Il vaudrait beaucoup mieux combiner ces matières avec le charbon, ou d'autres matières poreuses et absorbantes, et on aurait ainsi une sorte de noir animal. A l'aide de la poussière de charbon, on conserverait tous les gaz qui se seraient évaporés par la dessiccation, et les plantes végétant sous l'influence de son action ne recevraient plus aucune mauvaise saveur de ce mélange, qui, comme je l'ai déjà dit, ne livrerait en quelque sorte ses principes fertilisants qu'en raison des besoins de la plante. Vingt à trente hectolitres suffisent par hectare. L'application de cet engrais (matières fécales mêlées au charbon) rend au sol non pas seulement un ou plusieurs éléments que lui a enlevés la récolte, mais la totalité de ces éléments.

Je ne sais si ce mélange de matières fécales et de charbon se comporterait comme le noir ordinaire fait avec du sang; dans le cas où il y aurait identité d'action, d'après M. Camille Beauvais, il ne faudrait jamais le semer à la surface, mais bien à deux ou trois pouces de profondeur.

Guano. — L'usage du guano, connu depuis plus de quarante ans, n'a pris de développement que depuis quelques années.

Employé pour favoriser la végétation des blés, son action a paru marquée principalement sur la paille, dont il a favorisé le rendement. D'après cette donnée, on a été conduit à employer le guano sur les prés, et l'expérience semble avoir justifié les prévisions. La production du grain des céréales a été aussi augmentée sous l'influence d'une forte fumure de guano.

Colombine. — La fiente de pigeons et de poules est aussi un excellent engrais. On devrait habituellement la recevoir sur des débris de chanvre, de lin, etc., et enlever ces matières tous les mois. Il s'y engendre des insectes qui tourmentent les poules; et, d'ailleurs, si la colombine reste trop long-temps à l'air, elle finit par perdre une partie de sa valeur. On ferait beaucoup mieux de la mettre en tas et d'y ajouter de la braise. Mêlée à de la cendre de charbon de terre, cette matière, riche en principes fertilisants, produit un excellent effet sur le blé, le sarrazin, le trèfle et le chanvre. Les déjections des canards et des oies sont loin d'avoir la même qualité.

Ne pourrait-on pas attribuer surtout la richesse des engrais fournis par les excréments des oiseaux, sous le nom de guano, de colombine, etc., à ce que ces animaux se nourrissent de graines et d'insectes, qui les unes et les autres contiennent beaucoup d'azote.

Récoltes enfouies. — A tous ces engrais provenant des animaux, il convient d'ajouter encore des substances végétales qu'on emploie comme agents de fertilisation. Souvent on enfouit des plantes sur la pièce même qui les porte, avant qu'elles aient produit des graines : c'est une bonne pratique toujours et partout, mais excellente spécialement dans les terres légères, auxquelles on donne ainsi de la fraîcheur et de la consistance. On fera bien également d'user de ce moyen pour les terres trop éloignées des bâtiments de la ferme, parce que les frais de transport des fumiers qu'elles devraient, recevoir rendraient la culture de ces champs très-dispendieuse. Il ne faut pas cependant croire que cet enfouissement dispense d'employer d'autres engrais, mais en général on peut le regarder comme une bonne demi-fumure. Les végétaux qu'on enterre le plus souvent sont les trèfles, les vesces, les pois, la spergule. M. Joubert a vanté comme culture à enfouir le seigle semé en septembre et enterré à la mi-avril. Il le fait d'abord faucher, puis la charrue le recouvre. Le seigle a l'avantage de végéter dans les terres médiocres, et sa production en vert est assurée.

L'enfouissement d'une plante quelconque ne serait, comme engrais, d'aucun bénéfice, si elle avait puisé dans le sol seulement tous les principes nécessaires à sa végétation : ce serait uniquement rendre à la terre ce qu'on lui aurait pris. Mais il en est bien autrement, car, d'après M. Th. de Saussure, les dix-neuf vingtièmes du poids total d'une plante privée de son eau de végétation sont empruntés à l'air.

Tourteaux de colza et autres. — Les tourteaux de graines oléagineuses paraissent convenir à toutes les terres. On les réduit en poudre et on les répand quand la plante a déjà poussé; on y ajoute quelquefois un peu de sel. Dans tous les cas, il faut éviter que cette poudre se trouve mêlée avec les graines, car on cite des exemples où le contact de l'huile (et les tourteaux en contiennent toujours) peut s'opposer à la germination. La dose à employer est de 6 à 700 kilogrammes par hectare sur les bonnes terres; ailleurs on en met de 1000 à 1200 kilogrammes; les tourteaux de lin sont un peu plus riches en azote, ainsi que ceux du madia; quant aux tourteaux d'arachis, la dose d'azote est plus forte que celle des autres tourteaux.

D'après les analyses chimiques dont je viens d'exprimer le résultat, et qui établissent en faveur de l'arachide une richesse azotée de beaucoup supérieure à celle que donne le colza, il semblerait résulter qu'on pourrait, pour obtenir le même effet, employer l'arachide à des doses inférieures à celles du colza, et pourtant la pratique agricole est loin de confirmer ce résultat. Les tourteaux obtenus de l'arachide sont infiniment moins prisés que ne le sont ceux du colza. M. de Mecflet, agriculteur distingué du Calvados, a fait des expériences qui ne laissent aucun doute à cet égard.

Il résulte d'observations faites par M. Gay-Lussac, que toutes les semences contiennent une matière très-azotée : c'est ce qui explique la qualité si nourrissante des graines, et l'étonnante fécondité comme engrais du résidu que laissent celles dont on a extrait l'huile. Cela explique également la nécessité d'employer des engrais qui contiennent l'azote en quantité suffisante. La même observation fait comprendre pourquoi l'épuisement du sol est plus grand quand les plantes ont développé leurs graines, et combien il importe de ne pas laisser fructifier les plantes inutiles. On ne s'étonnera donc pas que les récoltes enfouies en vert et avant d'avoir porté graine redonnent à la terre, à laquelle elles n'ont pas beaucoup pris, beaucoup plus qu'elles ne lui ont enlevé.

Je viens de lire dans l'Annuaire de l'Association normande pour l'année 1849, p. 233, un fait du plus haut intérêt. C'est que, d'après les observations de M. Vigneral, le tourteau préserverait les plantes du *man* (larve du hanneton). M. Bordeaux a expliqué ce fait en disant que le tourteau renferme toujours beaucoup d'huile, et que les naturalistes savent que la moindre parcelle d'huile fait souvent périr promptement les larves des insectes avec lesquels elle se trouve en contact, en bouchant leurs organes respiratoires. Je ne puis, quant à présent, ni confirmer ni contredire ce fait, mais il a assez d'importance pour que tous les cultivateurs comprennent l'avantage de le soumettre à un examen scrupuleux.

L'hectolitre de tourteau de colza pèse de 65 à 68 kilogrammes.

Marc de pommes. — Le marc de pommes est regardé, dans presque toutes nos fermes de Normandie, sinon comme nuisible, du moins comme inutile; aussi il arrive qu'on n'en fait aucun cas et qu'on le jette. Il est fâcheux de voir ainsi gaspiller une substance qui pourrait être utilisée comme engrais, et dont on pourrait tirer bon parti. La seule chose à faire pour obtenir ce résultat, c'est de neutraliser les acides qui se trouvent dans ce marc au moyen de la chaux. Pour cela, on met d'abord une couche de terre, puis une couche de marc et une couche de chaux : on continue ainsi tant qu'il y a du marc ; on abandonne ensuite tout ce mélange pendant quelque temps, puis on le coupe à la pelle en le brassant bien, et on l'emploie comme compôt.

On peut aussi faire manger le marc de pommes par les vaches et les porcs.

Quant au marc de poiré, on le brûle.

Cendres. — Les cendres sont assez rarement employées comme engrais ; elles sont cependant très-fertilisantes. Celui qui achète des cendres les paie bien cher, dit un auteur, celui qui n'en emploie pas les paie le double. Les meilleures cendres sont celles d'orme, de saule, de hêtre ; les moins bonnes, celles des arbres résineux.

Lorsqu'elles ont été lessivées, on les emploie fréquemment sous le nom de *charrée*. On en met de 30 à 60 et même 100 hectol. par hectare. Dans une terre labourable, on ne les enfouit presque pas. Leur effet est sensible pendant 8 à 10 ans sur les terres argileuses, moins long-temps sur les terres légères.

Les cendres de charbon de terre sont un fort bon engrais, surtout pour les herbages. Un mélange de ces cendres avec la colombine forme un engrais supérieur pour les trèfles. On en répand de 70 à 90 hectolitres par hectare. Les pommes de terre pour lesquelles on a employé la cendre, prennent un goût particulier. On dit que le blé est plus exposé à verser par l'usage de cet engrais que par celui de tout autre.

Suie. — La suie est excellente sur les prés bas et humides. On peut aussi y employer la *braise;* mais la suie vaut mieux. On en met de 30 à 40 hectolitres par hectare.

Goémon (varec). — Le goémon est un mélange de différentes plantes de la famille des algues. Cet engrais, très-employé sur nos côtes, contient des sels de soude et de potasse. Il favorise surtout la belle venue des pommes de terre.

Vases. — Le terreau qu'on trouve au fond des étangs, des mares, peut être utilisé avec avantage comme engrais; il renferme beaucoup de matières charbonneuses, susceptibles de se décomposer. Les tangues, qu'on emploie sur les bords de la mer, sont riches en principes salins; quelques-uns contiennent de la chaux.

Tourbe. — La tourbe ne pourrait être

utilisée qu'après avoir servi de litière. Quant aux cendres de tourbe, elles sont d'autant meilleures qu'elles sont plus blanches, plus argentines et surtout plus légères. L'hectolitre ne doit pas peser plus de 50 kilog. Elles produisent un effet beaucoup plus marqué sur les prés hauts et secs que sur les prairies basses et humides. Leur effet est très-sensible sur les trèfles. On en met de 35 à 50 hectolitres par hectare.

Paille de colza. — Cette paille est très-riche en potasse. Dans la quantité que fournit ordinairement 1 hectare de terre, on en trouve 21 kilog. 154, tandis que la paille de blé fournie de même par 1 hectare, n'en donne que 10 kilog. 577.

Enfin, on utilisera comme engrais : les animaux morts, les cornes, les cuirs, les eaux de lessive, de savon, soit pures, soit mélangées, les plumes, les débris de tanneries, les coquilles, les germes d'orge des brasseurs, etc, , etc.

ARTICLE VI.

Expériences sur certains engrais.

J'indique dans cet article les expériences que j'ai faites sur plusieurs substances énergiques, d'un emploi sinon difficile, au moins désagréable, telles que le sang, les urines, les matières fécales, etc. Pour les faire employer sans répugnance, je les mêle avec de la braise provenant des fours à chaux. Ce mélange les purge de toute odeur et en rend l'emploi très-commode. Je le fais semer en couverture ou sous raies, suivant qu'il est besoin, et j'en obtiens d'excellents effets, même à assez faible dose. J'ai doublé ainsi le produit d'un de mes prés. Dans 60 hectolitres de braise déposée sous un hangard, j'avais fait porter, pendant deux mois, toutes les urines fournies par sept personnes ; de temps à autre je faisais remuer le monceau. Lorsque l'hiver fut terminé, je cessai les irrigations ordinaires sur mon pré, et vers la mi-mars je fis semer toute ma braise sur 90 ares environ de ce pré, dans la partie la plus mauvaise. Une autre partie du même pré, qui, en totalité, contient 1 hectare 70 ares, fut engraissée avec environ 50 hectolitres de crottin de cheval ramassé sur les routes. J'eus à la récolte 1958 bottes de foin pesant 6 kilogrammes, là où précédemment on récoltait à peine 1200 bottes de 4 kilogrammes. Ainsi, j'ai obtenu près de 7000 kilogrammes de plus qu'auparavant. Je crois, il est vrai, que mes rigoles d'irrigation avaient été mieux faites ; d'un autre côté, on avait abattu quelques arbres qui ombrageaient beaucoup le pré. Mais en faisant une large part à ces deux circonstances, on ne pourra jamais estimer le surcroît de produit dû à l'engrais au-dessous de 5000 kilogrammes de foin valant 250 francs.

Voici maintenant ce que j'ai dépensé :

60 hectolitres de braise à 90 c. 55 fr.
50 hectolitres de crottin de
    cheval à 50 c. 25
Main-d'œuvre (au plus). . . 12
               Total. . . 92 fr.

J'ai donc obtenu un boni de 158 francs sur une seule coupe. En outre, le regain, dont on n'a pas soigneusement constaté le rendement, a été beaucoup plus beau qu'il ne l'était antérieurement, et mon pré s'est trouvé pour plusieurs années dans un état de fertilité bien supérieure à celle qu'il possédait avant l'amélioration. Voilà, si je ne me trompe, un beau résultat. Ce n'est plus là de la théorie, c'est un fait qui ne perd rien de sa valeur pour être consigné dans un livre.

Dans un autre monceau de braise, de 100 hectolitres environ, je fis mettre 4000 livres de déchets de suif achetés chez un marchand de chandelles. C'étaient des tendons, des membranes, etc., résidus de la coction du suif, avec addition d'un peu d'eau aiguisée d'acide sulfurique, dans la proportion indiquée par M. Darcet ; j'ajoutai environ 500 litres de sang de boucherie : tout cela fut bien mêlé et fut répandu sur un champ de 1 hectare 25 ares. Je semai du blé dans ce champ, et j'obtins une récolte très-belle, de telle manière qu'un habitant de la commune qui ne savait pas bien où était la terre que je faisais valoir, me dit qu'il avait deviné que cette pièce devait m'appartenir, quand il avait vu un si beau blé, là ou n'avaient jamais existé que de très-chétives récoltes.

Dans un champ de 70 ares environ, j'ai fait enfouir, au mois de novembre dernier 1848, environ 1000 kilogrammes de chiffons de laine ; j'y ai semé du blé qu'on a recouvert à la herse, j'ai aujourd'hui (mai 1849) le plus beau blé de la contrée : j'y ai semé du trèfle qui est aussi très-bien venant.

J'ai employé également de la poudre d'os, des rognures de pied de cheval, mais comme leur action ne se fait sentir que lentement, il est difficile de constater le résultat ; ce que je puis dire, c'est que mes récoltes sont belles dans les champs où on les a mis.

Je suis entré dans tous ces détails de pratique, afin d'appeler l'attention des cultivateurs sur des substances trop souvent réputées inutiles, et qu'on perd ordinairement. Ce n'est pas que je conseille de fumer les terres avec des os et de la laine, tant qu'on aura de bons fumiers en quantité suffisante ;

mais j'ai cru fort utile de faire connaître aux cultivateurs un moyen facile et économique de suppléer à ceux qui leur manqueraient, et l'immense avantage qu'ils retireraient de l'emploi des urines et des matières fécales, sans avoir à en supporter aucun désagrément. D'après les meilleurs praticiens, la perte que l'on fait en le négligeant est d'au moins 40 francs chaque année, par individu.

On fera donc très-sagement d'établir une fosse dans laquelle on mettrait des vases, des boues, des pailles, de la braise, des charbons, les balayures de la maison, les vieux cuirs, les os, les cheveux, la bourre, les écailles d'huitre, les valves de moule, les plumes qui ne sont pas bonnes pour la literie, la coque des œufs, etc. On y verserait également l'eau qui a servi à dégraisser la laine, les eaux de savon, de lessive, les urines. On pourrait aussi établir des latrines sur un des côtés ; de temps en temps on y jetterait quelques poignées de plâtre, ou mieux, un peu de sulfate de fer (couperose verte) réduit en poudre ; dans l'été, on y répandrait de l'eau aiguisée avec de l'acide sulfurique, et, outre que l'emploi de ces derniers agents neutraliserait les mauvaises odeurs, on n'aurait plus à se plaindre de l'insuffisance des engrais ; on verrait bientôt que si les fumiers provenant des excréments des animaux sont bons pour la fertilisation de la terre, ceux-ci, qui se composent surtout des déjections de l'homme, sont d'une nature supérieure. Il est en effet unanimement reconnu comme vérité incontestable que la qualité des engrais est proportionnée à la richesse de la nourriture, d'où la conséquence immédiate, pleinement confirmée par l'expérience, que les excréments fournis par les hommes dont la nourriture est si excitante et si variée, doivent être infiniment plus fertilisants que ceux des animaux que nous employons.

J'ai vu un propriétaire qui n'employait, pour fumer son jardin, que des compôts faits de cette manière ; il en obtenait des produits magnifiques ; quelques années plus tard, placé dans des circonstances différentes, il n'eut plus à sa disposition que du fumier de cheval. A partir de ce moment, les produits de son jardin diminuèrent d'une manière notable. S'imaginant alors qu'il pourrait compenser la qualité par la quantité, il fit enfouir des masses de fumier, et malgré cette quantité très-forte, il ne put jamais obtenir, sous l'influence de cet engrais, les résultats qu'il avait eus par les compôts qu'il employait autrefois. Ces compôts étaient faits, comme je l'ai dit, avec des sarclures du jardin, des balayures des allées et de celles de la maison, des débris de cuisine, etc. En totalité, cela ne faisait qu'une petite masse, et je m'étonnais comment, dans un jardin de 6 à 8 ares et d'une fertilité très-ordinaire, il poussait d'aussi beaux légumes sous l'influence d'un engrais employé en si petite quantité.

C'est à ce mélange de végétaux et de corps d'une provenance animale et minérale, que les boues des rues, et des grandes villes surtout, doivent leur étonnante fertilité ; aussi, sous un volume très-minime, produisent-elles des effets merveilleux. (Les boues de Paris, quand elles ont été pendant quelque temps dans les pourrissoirs, se vendent de 3 à 5 fr. le mètre cube.)

Je le répète encore, et ne puis trop le redire, c'est un véritable gaspillage que de perdre, comme on le fait, tant d'agents d'une utilité si manifeste, qui suppléeraient à si peu de frais à l'insuffisance des fumiers, multiplieraient les produits, accroîtraient sans cesse les bénéfices, répandraient l'abondance et le bien-être dans la famille, tout en maintenant les terres dans un état constant de fertilité qui ajouterait à leur valeur.

Quant au jus de fumier, qu'on laisse couler dans les cours et s'évaporer au soleil, rien à mon sens ne décèle davantage l'insouciance d'un agriculteur.

ARTICLE VII.

Considérations générales sur les engrais.

Un engrais sera très-profitable si son action s'accomplit dans le cours d'une récolte, car s'il agit plus lentement, il conviendra de faire entrer dans le prix de revient l'intérêt de la mise première. Il faut dire cependant que si, par un accident quelconque, la récolte à laquelle est appliqué cet engrais venait à manquer, la perte serait plus considérable que si l'engrais eût conservé plus d'un an son action fertilisante; toutefois il n'est pas absolument perdu. N'ayant pas été absorbé, il profitera, au moins en partie, aux récoltes ultérieures.

Le meilleur engrais n'est pas celui qui renferme en plus grande quantité tel ou tel principe, c'est celui qui par sa composition répond le plus à l'état du sol et aux besoins de la plante. Aussi l'azote, cet agent supérieur de fertilité, se trouvât-il dans le sol en proportions considérables, constituerait un moyen de fertilisation très-insuffisant pour le blé, par exemple, s'il n'était associé à des sels de potasse, à des phosphates, à de la silice, etc., le grain ne s'y développerait certainement pas, ou bien il ne se développerait que d'une manière incomplète, à moins que le sol ne contînt par avance les sels et les autres agents dont je viens de parler ; il en serait de même pour la pomme de terre, qui s'accommode surtout des engrais charbonneux.

Les labours par lesquels on enterre l'engrais devront être de la profondeur où se maintient la fraîcheur pendant la durée de la végétation ; ce qui signifie que si à 16 centimètres de profondeur on trouve que dans l'été, la terre conserve quinze centièmes de son poids d'eau, c'est à cette profondeur qu'il faut enfouir l'engrais. Cette prescription pourtant doit être modifiée d'après la profondeur à laquelle s'enfoncent les racines et d'après l'époque des semailles.

Dans les prés, par exemple, où l'humidité est à la surface, on peut très-bien fumer en couverture ; si l'on fumait de même une terre légère dans l'été, l'engrais serait de nul effet.

C'est à la fin de l'hiver qu'on donnera les fumures aux prés.

Pour les plantes qui pivotent, les carottes, les betteraves, etc., on fera bien de mettre la moitié du fumier au moment du labour de défoncement, l'autre moitié quand on laboure moins profondément.

Sur les terrains en pente, on mettra plus de fumier en haut qu'en bas.

Il convient de fumer peu et souvent les terres légères, beaucoup et rarement les terres pesantes.

Toutes les plantes légumineuses veulent pour leur germination et leur première pousse une terre fortement et richement fumée, quand même cette fumure s'épuiserait bientôt. En effet, quand elles ont fait leurs premières feuilles, elles empruntent presque tout à l'atmosphère.

Une excellente fumure, dans les pièces surtout qui sont éloignées de la ferme, c'est le parcage qui s'exécute en enfermant pendant une ou deux nuits des moutons dans un espace qui sera déterminé et limité par une enceinte mobile de claies, arrangées de manière que chaque bête n'ait que 1 mètre d'espace. Si on y laisse les moutons deux nuits, ce sera une forte fumure.

Grâce à ces données de la science, l'agriculteur pourra désormais marcher d'un pas plus assuré dans la voie des perfectionnements. Dans un siècle éclairé, rien ne doit se faire à l'aide de la routine seule, fût-elle unie à une incontestable habileté.

———

Quoique les données fournies par la chimie doivent être prises en très-grande considération, il ne faut pas croire cependant qu'elles puissent rendre raison de tous les phénomènes qui se passent dans la végétation des plantes. C'est que, outre que la science n'a pu pénétrer tous les secrets de la nature, au-dessus de ces phénomènes d'affinité et d'attraction, il existe encore un principe de vie qui nous est inconnu. Ce principe détermine des modifications remarquables et imprime partout son cachet.

Dans le travail qu'on vient de lire sur les engrais, j'ai été obligé de me servir fréquemment d'expressions techniques qui n'auraient pu être convenablement remplacées. La chimie, en s'associant à l'agriculture, a formulé sa collaboration dans un langage qui lui est propre, et qui donne beaucoup de netteté et de précision aux idées, mais qui n'est pas encore généralement compris par les agriculteurs. Maintenant que l'on voit les chimistes devenir agriculteurs, il convient que les agriculteurs deviennent un peu chimistes.

DEUXIÈME PARTIE.

DES CULTURES.

CHAPITRE I.

Des Céréales.

On désigne sous le nom de Céréales diverses plantes annuelles qui font partie de la famille des graminées, et qui produisent des graines propres à la nourriture de l'homme. Ce sont spécialement, pour notre pays, le froment, le seigle, l'avoine, l'orge et le sarrasin, dont nous allons traiter dans autant d'articles distincts.

ARTICLE Ier.

Froment.

De toutes les céréales, le froment est la plus importante et la plus riche. On en compte beaucoup de variétés. Je ne m'occuperai ici que de celles qui sont le plus généralement cultivées dans nos contrées. Ce sont : le franc-blé barbu, le gros blé blanc, le gros blé gris, le petit chicot ou petit blé roux, le blé anglais et le chicot blanc.

Depuis quelque temps on cultive encore quelques espèces nouvelles, à la propagation desquelles la Société d'agriculture de Caen a beaucoup contribué : ce sont surtout le hunter, le brodies, le blé éclipse, d'Oxford, le blé rouge d'Ecosse, etc.

Parmi ces variétés, il en est quelques-unes qui, dans les premières années de leur culture, paraissent présenter certains avantages sur les espèces ordinaires ; mais le climat, l'exposition, le sol, le voisinage peut-être des autres espèces, ne tardent pas à les modifier et à les ramener à la manière d'être de celles du pays. J'avais, il y a deux ans, cultivé dans une excellente terre du blé *hunter* et du *brodies;* leur végétation fut magnifique et leur rendement très-considérable. Je semai de nouveau ces deux espèces, déjà elles avaient dégénéré : le grain était moins blanc, la paille plus courte, les épis beaucoup moins longs, quoique semé dans une très-bonne terre, et qu'il eût d'ailleurs reçu toutes les façons et les engrais convenables. J'ai semé en 1848 du *blé rouge d'Ecosse* et du *blé goutte d'or*, qui tous deux présentent la plus belle apparence.

Il est probable que, parmi ces espèces,

quelques unes pourront conserver leur qualité première, lorsqu'elles trouveront dans nos terres les mêmes éléments, le même climat, la même exposition qu'elles avaient primitivement.

Quoi qu'il en soit, toutes ces variétés exigent les mêmes travaux, les mêmes soins de culture que nos espèces ordinaires. Je me dispenserai donc d'entrer dans aucun détail et d'en traiter séparément.

Je me contenterai de poser comme principe que les blés fins ou sans barbes viennent mal sur des sols humides, bas, marécageux, des prairies rompues, là où les gros blés ou blés à barbes réussissent parfaitement. Mais les blés fins sont plus recherchés et se vendent plus cher.

Un grand avantage des gros blés, c'est qu'ils versent moins et sont moins sujets à la rouille.

Ordinairement on divise les blés en trois sortes principales : 1°. les blés durs, lourds, fauves, donnant moins de son que les autres, une farine grisâtre plus azotée ; 2°. les blés demi-durs, intermédiaires entre les deux autres, donnant une belle farine très-recherchée pour les pains de luxe ; 3°. les blés blancs, dont la farine est également blanche, mais ils contiennent moins de matière azotée.

On peut dire qu'un sol riche, consistant,

argileux et calcaire, convient à tous les blés. Ils réunissent encore souvent dans des sols légers. J'ai vu de très-beaux blés dans les sols graveleux, très-peu consistants, après des prairies artificielles qui avaient duré plusieurs années. Toutes les terres qui retiennent plus de vingt pour cent de leur poids d'eau, ou qui, quinze jours avant la moisson, cessent d'en retenir dix pour cent à un pied (33 centimètres) de profondeur, sont impropres à la culture du froment.

Le froment vient après un beau trèfle, du colza cultivé en lignes, des fèves, des pois, de la luzerne, du sarrasin; sa végétation est surtout magnifique après une jachère bien traitée.

Après le trèfle, les féverolles sarclées, le sarrasin, une prairie artificielle rompue, le blé vient fort bien sur un seul labour. Il vient moins bien après les récoltes racines, mais la plus mauvaise place qu'on puisse lui donner dans un assolement, c'est de le mettre après une autre céréale.

Il convient de fumer la récolte sarclée, ou la récolte étouffante qui précède le blé; si au contraire on fume le blé en le faisant, on introduit dans la terre trop d'insectes, et trop de graines de mauvaises herbes; on favorise le développement de la paille, mais aux dépens de l'épi. Tout le monde sait, au reste, que cette céréale s'accomode parfaitement d'une vieille fumure.

Souvent pour faire le blé, on emploie la chaux caustique. Il ne convient pas, comme je l'ai dit à l'article *chaux*, d'ajouter du fumier pour la même culture.

Quant à l'époque des semailles, elle est très variable. Beaucoup de bons agronomes et de cultivateurs préconisent les semailles hâtives : en Alsace on dit poverbialement : lorsque les semailles de la Toussaint réussissent, le père de famille n'en doit rien dire à ses enfants. À cette époque pourtant le blé lève bien, mais il est long-temps vert, et il a à peine le temps, dit-on, de mûrir pendant l'été ; d'autres objectent que le froment en terre de bonne heure donne plus de paille, mais qu'il produit moins de grain. Semé trop tôt, le blé se garnit de mauvaises herbes qui sont trop fortes déjà, pour que les gelées les détruisent.

Dans l'une et l'autre opinion il y a du vrai, et l'homme prudent et sage ne semera ni de très-bonne heure, ni très-tard. Pour moi, je fais faire mes semailles depuis la mi-octobre jusque vers le milieu du mois de novembre. Il faut aussi se conformer un peu aux usages du pays où l'on cultive. La première année que je fis valoir, je semai mon blé vers le 8 ou 10 d'octobre, je fus le seul qui semai aussi tôt ; mon champ fut pillé par les oiseaux et ma récolte en souffrit d'une manière assez notable. On semera un peu plus tard dans les sols très-riches.

M. Loiseleur-Deslongchamps pense que les blés semés de bonne heure font de plus fortes et plus profondes racines ; un plus grand nombre de tiges s'élèvent du même pied et les blés résistent mieux à la sécheresse. Les blés semés dès la fin d'août ou le commencement de septembre, pourraient, sans inconvénient, être fauchés à la fin de l'hiver, et cette opération, qui fournirait du fourrage, permettrait à la tige de se multiplier. Il a semé, le 28 août et le 16 octobre, du blé poulard dans le même champ : le semis d'août a donné à la récolte presque le double. Cette expérience a été répétée sur dix espèces différentes, et toujours le résultat a été à peu près le même. J'ai vu du blé semé ainsi au mois d'août, il me parut fort beau, mais je ne puis dire si le rendement s'est trouvé en rapport avec la belle venue.

Les travaux à exécuter, pour la culture du froment, ont pour but, spécialement, de nettoyer la terre et l'engraisser. Les cultures préparatoires ont déjà favorisé ce résultat, les labours exécutés à propos feront le reste. Quant aux engrais, proprement dits, nous nous en sommes expliqués déjà, le mieux est de les appliquer à la culture qui précède.

Une remarque importante à laquelle on doit avoir égard, c'est que toutes les céréales, le blé surtout, redoutent de se trouver dans un terrain trop ameubli et qui manque de consistance. Après des labours trop répétés, le blé s'allonge outre mesure, et verse souvent. C'est donc bien à tort que, dans les départements de la Sarthe et de la Mayenne, on ameublit la terre pour semer le blé, comme si on devait y faire du chanvre.

Il convient également, dans des terres qui sont *gelives*, de ne pas trop unir la surface du sol. Mieux vaut qu'elle soit couverte de mottes. Il est entendu pourtant qu'il y aura assez de terre meuble pour couvrir les grains et faciliter leur végétation. Dans ces terres, il faut effectivement laisser au terrain son aspect inégal et raboteux, car après les gelées il deviendra pulvérulent, s'applanira de lui-même et rechaussera les plantes qui lui ont été confiées. Dans les terres, au contraire, qui ne sont pas gelives, on sème par un temps sec, et après avoir convenablement brisé les mottes qui ne faisaient que nuire au développement et à la direction de la petite plante. Il faut toutefois avoir soin, s'il survenait une pluie avant que la plante fût levée, de donner un coup de herse pour briser la croûte qui pourrait se former à la surface.

On nomme *terres gelives* celles qui sont

sujettes à être soulevées par les gels et dégels successifs de la terre.

Quant à la quantité de semences, on est encore loin de s'entendre dans diverses contrées ; tous les agriculteurs semblent au reste s'accorder sur ce point, que l'état du sol et l'époque des semailles font varier cette quantité ; lorsque la terre est convenablement meuble, fraîche, sans être humide, et que le temps est beau, tous les grains lèvent, alors il faut moins de semence. Si au contraire le terrain n'a pas été bien préparé, qu'on sème tard et que le temps soit pluvieux, il convient alors d'en mettre davantage. La quantité est de 2 hectolitres 50 à 3 hectolitres par hectare. Si on se servait du semoir, la quantité serait infiniment moindre. Il convient d'enfouir la semence à une profondeur de 4 à 6 centimètres, si c'était en novembre que se fît l'opération, il faudrait préférer une profondeur moyenne de 4 centimètres.

On recouvre à la herse ou à la charrue. La première manière me semble préférable pour les semailles tardives et d'ailleurs, en général, le grain se trouve enterré par une herse de fer à une profondeur à peu près uniforme, et l'on peut encore semer ainsi quand on a le temps et quand le sol est rassis ; car il n'est pas mal de mettre un certain intervalle entre le dernier labour et les semailles ; la terre plus rassise favorise davantage le développement des tiges, et leur fournit un appui plus solide. Dans les terres très-légères on peut semer à la charrue (semer sous raies). Quelquefois on sème moitié dessus, moitié dessous. Je ne vois pas l'utilité de cette pratique, je crois même que de cette manière la levée ne doit pas se faire simultanément, et, comme je je l'ai dit plus haut, que le sol n'a pas pris assez de consistance. La semaille faite à la charrue doit être suivie d'un hersage.

On a encore cultivé le blé de diverses manières : en poquets ou touffes, en lignes espacées, etc. Jusqu'ici, ces différentes pratiques n'ont guère trouvé place que dans des cultures d'essai, et d'une manière exceptionnelle. Je conçois que, dans certaines circonstances, les produits aient été merveilleux, mais je pense que dans aucun cas ils n'auront payé les frais de main-d'œuvre. Je m'abstiendrai donc d'en parler, car, en agriculture comme dans l'industrie, c'est toujours un mauvais produit que celui qui ne donne aucun bénéfice.

Quant aux semis exécutés à l'aide des semoirs, ils présentent des avantages et aussi quelques inconvénients, que je ferai connaître en parlant des instruments aratoires ; je me contente de dire ici qu'ils permettent une économie dans la semence, et que d'ailleurs les grains qui sont en ligne lèvent d'une manière plus régulière.

Le froment destiné à être semé doit être complètement développé, lourd, arrondi, ferme, lisse, à écale fine, remplie de farine blanche et fine; son grain doit être serré, difficile à broyer, la fente du grain doit être droite ; il doit rendre un son clair quand on le fait couler d'une main dans l'autre. Il va sans dire qu'il doit être exempt de toute graine étrangère. Une bonne terre sablonneuse donne en général un grain lourd et serré convenable pour la semence.

La vitalité du blé paraît être très-longue. On cite la germination de grains qui avaient plus de cent ans. Mais c'est avec raison qu'on préfère les grains de l'année. Une précaution essentielle à prendre, c'est de tenir les blés destinés à la semence assez étendus dans les greniers pour qu'ils ne soient pas privés du contact de l'air.

On préfère les espèces rousses, comme contenant plus de gluten. Les meuniers et les minotiers préfèrent, eux, les espèces blanches qui peuvent être réduites en farine en moins de temps que les blés rouges.

Avant de mettre le blé en terre, il convient de lui faire subir une préparation, préconisée depuis long-temps déjà par Mathieu de Dombasle, pour empêcher la maladie connue sous le nom de *carie*, *cabot*, *fouédre*, *nielle*, *noir*, etc. Voici comment il décrit ce moyen préservatif : on fait fondre dans 16 litres d'eau pure 1 kilogramme 3 hectogrammes de sulfate de soude (sel de Glauber) (1) ; avec cette solution, on arrose un double hectolitre de froment, que deux hommes remuent vivement avec des pelles, jusqu'à ce que tout le grain soit mouillé. Lorsque ce résultat est obtenu, on répand sur le tas, qu'on continue toujours de remuer, environ 4 kilogrammes de chaux vive, qu'on vient d'éteindre à l'instant même ; cette quantité est suffisante pour que tous les grains soient recouverts d'une couche de chaux qui s'y attache d'autant mieux que ces grains sont tous mouillés. On peut semer immédiatement, ou attendre quelques jours, en ayant soin de remuer le tas.

Le succès de l'opération dépend surtout de trois choses, savoir : 1°. que tous les grains soient mouillés par l'eau sulfatée ; 2°. que la chaux soit répandue quand tous les grains sont encore mouillés ; 3°. qu'elle soit éteinte à l'instant même de l'opération.

La première chose à faire après que le froment est semé, c'est de tirer des raies

---

(1) Le sulfate de soude se trouve chez les droguistes, pharmaciens ; il vaut en général de 20 à 22 francs les 50 kilogrammes.

d'écoulement. Cette opération ne doit pas se remettre même au lendemain ; à cette époque de l'année, le temps est si variable que l'on s'exposerait à ce que des pluies abondantes empêchassent ce travail toujours indispensable. Pour cela, on se sert de la charrue à double versoir.

Si la terre est trop riche, que la semaille ait été faite de bonne heure, que l'année ait été humide, que le commencement du printemps soit chaud et que la végétation soit luxuriante, alors on coupe le blé avec une faucille, sans attaquer le collet de la plante. On doit faire cette opération par un temps doux, et jamais lorsque le vent du nord ou du nord-est souffle. Quelquefois on y met les moutons ou les chevaux, jamais les bêtes à cornes. Cet effanage par les troupeaux doit avoir lieu au plus tard vers le commencement d'avril, et toujours en une seule fois. Mais on ne doit considérer ce moyen que comme mesure exceptionnelle, car il arrive souvent que le blé ainsi traité ne repousse qu'un chaume faible. Dans le cas où, par une donnée quelconque, on pourrait supposer par avance cette exubérance de végétation, mieux vaudrait retarder de quelques jours les semailles.

A ce moment, c'est-à-dire vers la fin de l'hiver, un hersage énergique donné au blé, dans les terres gelives surtout, favorise singulièrement sa belle venue. Ce hersage s'exécute avec une herse armée de dents de fer, qui pénètrent assez pour que la surface du sol soit déchirée, sans s'inquiéter de ce que beaucoup de brins sont arrachés. Sur les terres légères on se servira de herses à dents de bois. On doit choisir, pour opérer ce travail, un jour un peu sombre et disposé à la pluie; en effet, s'il vient à pleuvoir peu après ce hersage, la réussite est assurée; si, au contraire, le temps restait sec, il conviendrait de passer le rouleau. Plus il y a de mauvaises herbes, plus le hersage doit être énergique. Cette opération, qui quelquefois peut être omise sans inconvénient, devient indispensable lorsqu'un printemps sec succède à un hiver pluvieux. La surface d'un sol lié se durcit alors tellement qu'il est impossible aux radicules qui se forment au nœud supérieur de pénétrer et de s'étendre, la plante prend une couleur pâle et jaune et paraît être malade. Ce hersage d'ailleurs conviendra merveilleusement pour favoriser l'action des engrais pulvérulents qu'on pourrait appliquer à la récolte, ainsi qu'à la reprise du trèfle qu'on y sème à cette époque. Il rechausse aussi le blé en brisant les mottes.

Quoique le hersage dont j'ai parlé détruise une grande quantité de mauvaises herbes, il en repousse encore beaucoup, surtout de celles qui, ayant de longues racines, n'ont été que froissées ; il convient de les enlever vers la fin de mai et dans le commencement de juin au plus tard ; on se sert quelquefois, pour les chardons surtout, d'une sorte de pince en bois, qui fait un assez bon travail. Les grains les plus clair-semés sont ceux qui ont le plus besoin de sarclages ; plus il a lieu de bonne heure, plus il favorise le tallement de la plante ; il doit s'exécuter lorsque la terre n'est ni trop sèche ni trop humide, et que le blé est haut de 25 à 30 centimètres.

L'épi fleurit presque tout à la fois. On voit avec peine la floraison se faire par un temps humide.

Dès que le grain, de laiteux qu'il était, s'est changé en farine, il est temps de le récolter, bien qu'il soit encore mou, parce qu'avant de l'engranger on le laissera mûrir en javelles ; quant à celui qui doit servir de semence, il doit être complètement mûr avant d'être récolté.

On coupe le froment à la faux, à la faucille ou à la sape.

Le fauchage peut s'exécuter partout où le blé n'est pas trop fourni ni trop mêlé ; il coûte presque moitié moins que le sciage, il s'exécute plus promptement, la paille est plus longue, le sol est mieux nettoyé. Un faucheur ordinaire peut abattre dans sa journée 55 ares de blé dont les tiges ne sont ni mêlées ni versées.

Avec la faucille, la paille est plus régulièrement arrangée ; elle prend moins de volume, elle est plus facile à battre au fléau, et elle contient moins d'herbe : on la sèche plus facilement, mais ce travail est plus coûteux.

La sape est une petite faux que l'ouvrier appuie sur le bras droit et qu'il manie de la main droite, tandis qu'avec un crochet il rassemble et présente de la main gauche un faisceau de tiges au tranchant de l'instrument. Selon M. Antoine, on coupe 60 ares à la faux, 40 à la sape et 20 seulement à la faucille. C'est au moyen de la sape que se fait la moisson dans une grande partie de l'Allemagne, mais nous avons peu d'ouvriers qui sachent manier cet instrument parmi nous, aussi s'en sert-on fort rarement.

Lorsque le grain est mûr, on le lie et on le rentre dans la grange, ou bien on le met en meules, en ayant soin de placer les épis en dedans et une assise de fagots au bas.

Jusqu'ici, j'ai supposé qu'un beau temps favorisait les travaux de la moisson ; mais il arrive souvent que des pluies abondantes viennent empêcher ces travaux et retarder la rentrée du blé. En effet, tant que les pluies durent on ne doit pas couper le grain, mais il faut attendre qu'il soit sec ; dans ces circonstances, on coupe de plus haut, on forme des javelles plus petites, qu'on tâche d'accommoder de manière que l'épi ne touche pas à terre ; dans aucun cas il ne faut rentrer le blé que lorsqu'il est bien sec.

Pour faciliter la dessiccation des gerbes et diminuer aussi l'action fâcheuse des pluies, on emploie plusieurs moyens que je vais faire connaître :

1°. On place une gerbe debout, et tout autour on en met six autres debout également, inclinées vers la première, qui sert comme de centre ; on les recouvre toutes avec une autre gerbe dont les épis sont en bas, et qui coiffe les autres.

2°. Après avoir placé à terre une demi-botte de paille, on couche deux gerbes opposées l'une à l'autre et dont les épis se touchent ; on place également deux autres gerbes en croix sur les deux premières, dont les épis sont recouverts par ceux des nouvelles ; sur ces quatre gerbes, on en met quatre autres dans la même disposition, puis quatre autres encore ; de cette manière le centre se trouve plus élevé que la circonférence ; on recouvre le tout avec une gerbe dont les épis sont en bas.

3°. Je suppose un carré formé de quatre gerbes couchées à terre, et que je désignerai par les numéros 1, 2, 3, 4. Le numéro 1 se trouvera couché parallèlement au numéro 3, et le numéro 2 au numéro 3. Le numéro 1 sera placé de manière que le pied de la gerbe repose à terre et les épis sur le pied du numéro 2 ; les épis du numéro 2 reposeront à leur tour sur le pied du numéro 3, les épis de ce numéro 3 sur le pied du numéro 4, et enfin, les épis de celui-ci sur le pied du numéro 1. Cet ensemble forme, je le répète, un carré dont les quatre angles sont droits. Cela fait, on place trois gerbes sur les quatre premières, on les met toutes trois dans le même sens ; sur ces trois gerbes, on en place deux encore dans le même sens, enfin on en met une dernière.

On peut aussi, avant de mettre le blé en gerbes, le conserver quelque temps en meules. Sur un endroit sec et élevé, on place une botte de paille déliée qu'on étale convenablement ; sur cette paille, un ouvrier construit la meule en plaçant circulairement les javelles l'épi en dedans, portant sur la paille qu'on a mise d'abord ; il continue de même, entassant javelles sur javelles, jusqu'à ce qu'il soit parvenu à environ un mètre de hauteur ; alors il croise un peu les épis et va toujours ainsi rétrécissant la meule, qui bientôt affecte la forme d'un cône tronqué, jusqu'à ce qu'elle ait environ 1 mètre 67 centimètres de hauteur. Si l'opération est bien conduite, alors, une gerbe de blé, liée vers le pied et renversée en forme de toit circulaire sur le sommet, suffit pour protéger toute cette récolte pendant douze ou quinze jours. Il faut avoir soin, quand on commence, que le blé ne soit pas mouillé; mais on peut le conserver ainsi, quand il est dans un état tel qu'on ne pourrait encore le rentrer dans la grange.

Lorsque le temps redevenu beau permet de rentrer la récolte, alors on tasse le blé dans la grange, serrant fortement les gerbes les unes contre les autres, et plaçant le premier rang le pied appuyé contre le petit mur qui partage ordinairement la partie de la grange appelée la tasserie, de l'autre partie qu'on appelle l'aire. Les autres rangs se placent tous en sens contraire.

On bat le plus ordinairement le grain au fléau, quelquefois avec une machine à battre, quelquefois aussi au moyen de cylindres de bois cannelés.

Je ne décrirai point les deux premiers modes : les procédés en sont connus. Seulement, je dois noter que les aires en bois sont infiniment plus avantageuses que les aires en terre; le grain est plus beau, mieux battu, la besogne est plus expéditive et moins fatigante. La verge du fléau ne doit pas peser moins de 1 kilogramme 625 grammes (3 livres un quart), ni plus de 2 kilogrammes (4 livres). Cette verge doit être ronde, légèrement applatie. Le manche doit arriver à la hauteur du menton.

Quant aux rouleaux, dont on se sert dans le Maine et dans une partie du département de l'Orne, ils sont de construction et de grandeur très-variables, il y en a qui n'ont pas plus de 50 centimètres, d'autres qui ont jusqu'à 3 mètres 67 (5 pieds). Les uns sont en bois, les autres en pierre. Pour donner une idée de ces machines, je dirai qu'elles ressemblent un peu à une roue de bateau à vapeur, seulement elles sont d'un plus petit diamètre, et les ailes ou les aubes en sont plus rapprochées. Il en est qui, très-grossièrement faites, n'ont que de simples cannelures. On peut faire établir de pareilles machines pour 6 à 7 francs. Quelle que soit la forme du cylindre, il est engagé dans un cadre auquel est fixé un brancard. Le travail de battage m'a paru fort bien fait. La paille est brisée, il est vrai, et un peu hachée, salie quelquefois, mais elle convient bien pour la litière, et, lorsqu'elle n'est pas salie, les bestiaux la mangent volontiers; elle dispense du hache-paille. On bat par jour de 400 à 500 gerbes, ce qui se fait de la manière suivante :

Sur une aire placée dans la cour de la

ferme, on étend cinquante gerbes de blé, qu'on laisse environ une heure et demie à l'exposition du soleil ; alors on attelle un premier cheval dans le brancard, le second cheval est attelé à un palonnier du côté apposé au centre. Un homme placé à ce dernier point, comme dans un manège, tient un cordeau qui est attaché à la tête du cheval et dont il diminue peu à peu la longueur, ce qui fait que les chevaux qui sont menés au trot, décrivent une sorte d'hélice ; lorsque les cercles qu'ils décrivent sont aussi petits que possible (on ne met pas de gerbes au point central) l'ouvrier qui les dirige lâche peu à peu le cordeau qui retient les chevaux, et il leur fait alors décrire des cercles de plus en plus grands. Une femme suit le rouleau et soulève la paille. Dans certaines fermes, il y a de plus trois hommes qui battent au fléau les gerbes du centre et des coins. Lorsque le blé est bien battu d'un côté, on le retourne de l'autre ; on le laisse exposé quelque temps au soleil, puis on reprend le battage.

Telle est à peu près la manière d'opérer, mais il y a des variations.

Ces machines à battre sont en usages dans les environs de Domfront, Couterne, Evron ; en général, elles sont beaucoup mieux faites du côté de Laval et de Château-Gonthier.

Le battage au fléau coûte ordinairement de 6 à 7 centimes par gerbe ; par le moyen usité dans la Mayenne, il revient au plus à 3 centimes. Le battage au fléau est de tous les modes le plus cher et surtout le plus pénible.

On estime que 42 kilogrammes de froment équivalent à 100 kilogrammes de foin. Quant à la paille, il en faut 380 kilogrammes pour équivaloir à la même quantité de foin. La partie supérieure contient de l'azote environ moitié plus que la partie inférieure ; on pourrait donc ne faire manger aux animaux que la première, en laissant l'autre pour la litière, c'est sans doute ce qui donne le plus de valeur aux *écoussins*.

La farine contient : 1°. du gluten ; 2°. de l'albumine (ces deux substances ont une dose d'azote à peu près égale) ; 3°. de l'amidon ; 4°. de la dextrine ; 5°. du sucre ; 6°. des matières grasses ; 7°. des matières minérales.

Ces différents principes contenus dans le grain, ne sont jamais restitués à la terre par les fumiers ordinaires. On devrait donc, de temps en temps, au moins, lui donner d'autres engrais (sang, urine, os, matières fécales) sans quoi le blé finira par venir maigre, tandis qu'avec quelques engrais ajoutés aux fumiers qu'on met ordinairement, on obtiendrait des récoltes magnifiques, du froment dont le grain serait lourd et étoffé, par ce motif seul qu'il eût trouvé dans le sol tous les principes nécessaires à son parfait développement. (*Voyez art. engrais*).

Le maximum du rendement du froment en France est de vingt à trente hectolitres par hectare, le terme moyen de douze à quatorze, le minimum cinq hectolitres.

L'hectolitre de blé contient depuis un million jusqu'à un million sept cent mille grains.

On faisait autrefois des blés de printemps, mais leur culture est aujourd'hui presque partout abandonnée. Cependant depuis une dizaine d'années, dans le département de l'Aisne surtout, on a cultivé avec avantage, dit-on, une espèce qu'on nomme blé de mai ou encore blé d'Alger; on sème ce blé du premier au 10 mai, et on le coupe presqu'aussitôt que le froment d'automne; le produit moyen est d'environ 400 gerbes par hectare; la farine a une légère teinte jaune et fait un pain blanc et savoureux, mais elle est assez difficile à travailler seule, parce qu'elle est courte. Ce blé se bat avec une extrême facilité : au premier coup de fléau le grain et les balles se séparent de l'épi.

Les blés sont exposés aux ravages des rats, des souris, des mulots, de l'alucite et du charançon ; on fait la guerre à quelques-uns de ces animaux au moyen de pièges, ou en mettant dans le voisinage de leurs trous des substances empoisonnées.

Les charançons finissent par disparaître si on exécute souvent le *pelletage* des grains.

L'excès d'humidité dans les grains est une autre source de perte, elle produit des moisissures et une sorte de fermentation putride qui ôte toute la qualité du blé.

(Schwerz, Arthur Young, Gasparin, Moll, Schmalz, Payen, Mathieu de Dombas, Bodin, Jamet, Romain.)

ARTICLE II.

Seigle.

Le seigle, beaucoup plus rustique que le blé, se contente d'un terrain plus pauvre et plus aride ; sa végétation s'accomplissant plus promptement que celle du blé, il domine et étouffe mieux les mauvaises herbes, et il est mur avant le moment où la terre est le plus sèche. Son produit est plus sûr et moins variable que celui des autres céréales.

Il ne paraît pas exiger un terrain calcaire ; les sols pierreux conviennent bien à cette céréale, et même un principe acide dans le sol ou on le met, ne semble pas lui être contraire; il aime par conséquent un terrain nouvellement défriché. Il veut une bonne préparation du sol, car il faut le semer dans une terre très-ameublie. Ce qu'il paraît redouter le plus, c'est une humidité surabondante. Le seigle ne graine guère dans une bonne terre engraissée avec du fumier frais. Comme le froment, il aime une vieille richesse de la terre. Il donne peu de pailles après les cultures-racines.

Les variétés cultivées ordinairement sont: 1°. le seigle d'hiver, variété la plus commune; 2°. le seigle de mars, qui a la paille moins longue et le grain plus petit. Ce seigle semé en automne produit beaucoup, tandis que le seigle d'hiver, semé en printemps, ne réussit pas; 3°. le seigle multicaule (de la St.-Jean) tardif, tallant beaucoup, ayant la paille et les épis allongés, les grains petits. Il faut le semer clair vers la St.-Jean pour avoir une récolte de fourrage en automne, et une récolte de grains l'été suivant. M. Séringe, de Lyon, soutient qu'il n'est autre que le seigle ordinaire; 4°. le seigle de Russie, ayant de larges feuilles, le grain bien nourri et donnant beaucoup de paille.

On enterre le seigle moins profondément que le blé.

Le seigle périt s'il est surpris par les gelées avant d'avoir produit ses racines supérieures, aussi le fait-on plus tôt que le blé.

Il pousse dès que la chaleur s'élève à 6 degrés au-dessus de zéro. Il fleurit quand elle s'élève à 15 degrés. La fleur s'établit simultanément dans toute la longueur de l'épi. A cette époque, les grandes pluies sont à redouter.

Le seigle ne craint l'hiver que si les tiges ont poussé avant les gelées ; d'où il suit que les automnes très-doux, favorisant le développement de cette plante, peuvent l'exposer à souffrir.

Au printemps, on le herse quelquefois ou on le roule, dans les mêmes circonstances que j'ai notées pour le blé. Je préfère en général le rouler.

La farine de seigle contient entre autres une matière gluante, hygroscopique, qui maintient le pain frais. Elle a peu de gluten et trois quarts moins d'albumine et d'azote que le froment, par conséquent elle est moins nutritive.

On sème le seigle de septembre en octobre sur un labour de trois semaines. Mieux vaut semer de bonne heure que trop tard. La quantité des semences est à peu près la même que pour le blé. Je fais cependant semer un peu moins dru, car le grain du seigle est plus petit.

On attend, pour couper le seigle, qu'il

soit mûr, car il ne mûrit pas en javelles. Il faut éviter qu'il ne reçoive de la pluie après avoir été scié ; le grain perdrait de sa qualité : il convient donc de le couper par un beau temps et de le lier immédiatement. Le seigle est mûr lorsque la paille blanchit et que les nœuds ont perdu leur couleur verte.

Cette céréale est sujette à plusieurs maladies, à la *miellée* et à *l'ergot*. La farine provenant de grains ergotés est employée en médecine à petite dose. Prise en grande quantité, elle occasionne la gangrène des orteils. Les années pluvieuses favorisent l'ergot.

50 kilogrammes de grain de seigle équivalent à 100 kilogrammes de bon foin. La paille, riche en silice, contient en outre plus de potasse et d'acide phosphorique que celle de froment. 420 kilogrammes de cette paille sont équivalents à 100 kilogrammes de foin.

On sème quelquefois le seigle avec du froment, c'est ce qu'on nomme du *méteil*. Dans les terres légères, le froment réussit mieux de cette manière que si on l'y eût semé seul. On peut même dire d'une manière générale que les deux grains réunis donnent un produit plus considérable que s'ils eussent été semés isolément.

Quelquefois on le cultive pour fourrage, soit seul, soit associé avec des vesces. C'est un fourrage précoce, et que les bestiaux mangent avec plaisir. Il les prépare aux trèfles.

Le rendement du seigle est à peu près le même que celui du blé, mais il donne plus de paille. On se sert de cette paille pour faire des liens, des paillassons, pour couvrir en chaume, pour empailler les chaises.

On sème le seigle de printemps en février ou mars; il exige les mêmes soins et le même sol que le seigle d'automne. On le met en général après une céréale d'hiver ou après des cultures sarclées. Il donne presque autant de paille que celui d'automne, mais moins de grain; on peut dire que c'est une culture peu profitable.

En résumé : le seigle aime un sol léger, sablonneux plutôt que serré et compacte; il vient même sur un sol pauvre. On doit semer de bonne heure plutôt que tard, sur labour déjà ancien; herser au moment des semailles; récolter quand le grain est mûr. Si l'on cultive le seigle pour fourrage, il doit être semé dru.

ARTICLE III.

Orge.

L'orge, qui de toutes les céréales s'accommode le mieux des températures les plus variées, est la plus difficile sur la nature du sol ; en effet, elle ne réussit guère que dans une terre franche, chaude, meuble et riche, ni trop sèche, ni trop humide, ni compacte. Elle pourrait végéter encore dans un sol sablonneux, si l'année était humide, mais elle redoute les terres mouillées. Elle peut donner aussi de fort beaux produits dans une terre argileuse, pourvu que cette terre soit bien propre, bien ameublie et bien fumée.

L'orge vient très-bien après des cultures sarclées, les pommes de terre et surtout les betteraves. Marshall assure cependant que, dans le Norfolk, elle vient mieux après les céréales qu'après les racines.

La terre qui recevra de l'orge au printemps, doit être préparée par plusieurs labours. Après du froment ou du seigle, on donne un premier labour superficiel en septembre, puis un autre avant l'hiver. Après les plantes sarclées on peut se dispenser du premier labour.

L'orge, comme le blé, s'accommode fort

bien d'une vieille richesse de la terre : dans le cas où on croirait devoir appliquer de l'engrais pour la culture de cette céréale, il conviendra de l'enfouir avant l'hiver; mais si, par un motif quelconque, on ne pouvait à ce moment donner cette fumure, il faudrait l'appliquer au printemps, et on emploierait à cet effet du fumier consommé.

L'orge aime la poussière comme le seigle; il conviendra donc de semer par un temps sec; on enterre la graine à la charrue ou par un double hersage. Comme souvent on met du trèfle dans l'orge, alors, quand ces deux tours de herse ont été donnés, on sème le trèfle, sur lequel on passe le rouleau. De cette manière, la graine se trouve légèrement enterrée, les petites mottes de terre sont brisées, le terrain est plus uni, il sera plus facile à faucher, et la terre se durcira moins par la pluie qui, si elle survenait cinq à six jours après l'ensemencement, favoriserait la végétation de l'orge et du trèfle.

L'époque des semailles est au mois de mars et surtout d'avril pour les terres sèches; les terres un peu humides ne seront ensemencées qu'au commencement de mai. Les semailles faites de bonne heure produisent de très-beaux résultats. On répand ordinairement trois hectolitres de graine par hectare ; cette quantité est trop forte, car l'orge talle beaucoup, et, si le terrain est bien préparé, on pourra sans crainte diminuer cette quantité ; car c'est plutôt sur la richesse et l'amendement de la terre qu'il faut compter, que sur la quantité de grains qu'on a employés pour semence. Au reste, ce que je dis ici pour l'orge peut s'appliquer à presque toutes les autres cultures. Elle lève quelques jours après son ensemencement.

On fauche l'orge quand elle est mûre, c'est-à-dire quand la paille jaunit. Il ne convient pas de la laisser long-temps en javelles, car elle perdrait promptement sa couleur et deviendrait rouge ou brune.

Si pourtant on se trouve forcé de la laisser en javelles, il ne faut pas la retourner, l'épi se brise facilement ; mais on peut la lier vers la tête, et la mettre en petits cônes qu'on laisse sécher comme le sarrasin.

L'orge donne un produit considérable en grain, de 18 à 30 hectolitres par hectare. Son produit en paille est beaucoup moindre que celui du blé, mais elle est très-bonne, et elle passe même avec raison, je pense, dans certaines contrées, comme la meilleure de toutes les pailles. L'orge épuise le sol ; elle absorbe plus de potasse, de chaux, etc., que le blé et le seigle.

D'après les analyses faites de ce grain, il

est moins nourrissant que le blé, il l'est plus que le seigle.

L'orge éventail a un grain meilleur encore que la grande orge ; elle donne aussi un produit plus élevé, mais elle exige un meilleur terrain.

Dans le midi de la France, on donne exclusivement l'orge aux chevaux ; dans le Nord, il finirait par les affaiblir. L'orge convient parfaitement aux bêtes à l'engrais.

La valeur de l'orge, comme nourriture, peut se formuler ainsi : 54 kilogrammes égalent 100 kilogrammes de foin. Elle donne 13 pour cent d'azote, et $2\frac{7}{10}$ de matière grasse pour cent.

Un hectolitre d'orge pèse de 64 à 67 kilogrammes.

(Marshall, Schwerz, Moll, Thaër.)

ARTICLE IV.

Avoine.

L'avoine est moins délicate que les autres céréales. Cette plante croît ordinairement assez bien sur des terres plus argileuses que siliceuses, plus humides que sèches, plus compactes que meubles, sur lesquelles l'orge et le seigle viennent moins bien. On trouve encore l'avoine sur les montagnes élevées où le froment et l'orge ne viennent plus. Hormis la glaise ou le sable pur, tous les terrains lui conviennent. C'est la plante qui souffre le moins de la négligence du laboureur; cependant, il faut le dire, elle donne toujours des produits en rapport avec les soins qu'on a apportés à sa culture.

Elle redoute surtout la sécheresse et la grande chaleur.

On cultive plusieurs sortes d'avoine. Il y en a d'hiver et de printemps; il y en a de blanches, de jaunes, de noires, de rousses, etc. L'avoine blanche exige, en général, plus de travaux de culture que les autres espèces.

L'avoine prospère dans un terrain neuf, sur un vieux trèfle rompu. Presque toutes les plantes viennent après l'avoine, et elle vient après toutes. Elle peut aussi se succéder à elle-même; cependant, après plusieurs cultures successives d'avoine, il ne faudrait pas la remplacer par du froment.

Souvent on la sème après une autre céréale; elle serait beaucoup mieux après une récolte sarclée ou après une prairie artificielle rompue. Si pourtant on voulait la cultiver après une céréale, voici ce qu'il conviendrait de faire : « Après avoir examiné, par des sondages répétés, le sol et le sous-sol, si on voit que, sans danger, on peut ramener à la surface 8 à 10 centimètres de nouvelle terre (voyez sol et sous-sol), alors on laboure en donnant à la charrue toute l'entrune nécessaire pour arriver à ce résultat, et on sème l'avoine qui devient magnifique comme après un défrichement. Lorsqu'on plante des pommiers dans les champs, on a coutume de mettre sur les racines, en-dessous par conséquent, la terre qui était en-dessus, et en-dessus de la fosse celle qui était en-dessous : cette nouvelle terre, qui n'a jamais bénéficié des engrais, qui jamais n'a reçu l'influence des accidents atmosphériques, qui, dans toute autre circonstance, serait une terre improductive, favorise néanmoins la belle venue de l'avoine, qui nulle part dans la pièce n'est plus belle qu'autour des arbres. Je crois bien que le défoncement de la terre est pour quelque chose dans cette richesse de végétation, mais ce n'est certainement qu'une cause secondaire.

Après le froment, l'avoine réussit toujours mieux que l'orge. Elle aime bien les fumiers frais.

On prépare la terre par un labour profond avant l'hiver et un fort hersage au printemps, quand les graines des mauvaises herbes ont commencé à pousser ; alors on sème l'avoine et on l'enterre à la herse, mieux vaudrait à l'extirpateur.

Après un trèfle de plus d'un an, qui ordinairement est rempli de chiendent, il ne faut qu'un labour, mais à double charrue.

L'avoine de printemps se sème en février ou mars. On emploie de deux à trois hectolitres de grain par hectare, quelquefois même 4.

On sème aussi de l'avoine d'hiver, quoique la culture en soit assez casuelle dans nos climats. On la sème en septembre, et elle donne un produit supérieur et de meilleure qualité que l'avoine semée en printemps.

L'avoine noire de Hongrie, dont les grains forment grappe d'un seul côté de la tige, et qui avait été tant vantée il y a quelques années, est maintenant abandonnée; elle ne donne des produits supérieurs que dans des terrains riches.

La blanche de Hongrie exige un sol moins riche que la noire; elle produit beaucoup en paille, elle est riche en grains.

L'avoine supportant mieux les gelées tardives que les autres céréales d'été, le danger d'une semaille trop hâtive est aussi pour elle moins grand, car elle résiste à la gelée, même quand ses tiges sont formées. Semée trop tard, elle lève difficilement et inégalement; elle souffre de la sécheresse, reste plus claire et plus maigre.

En thèse générale, pour enfouir l'avoine sur les sols humides, tenaces, lourds, pierreux, ouverts par un seul labour et en saison pluvieuse, il faut employer la herse; sur les sols secs, légers, meubles, en saison sèche, il faut employer la charrue. L'emploi du rouleau complètera l'enfouissement. Il est indispensable surtout si la terre est fraîchement fumée. Néanmoins, si le sol était lourd et humide, le rouleau serait très-funeste, parce qu'il tasserait et pétrirait en quelque sorte la terre; il faudrait au moins retarder l'opération jusqu'à ce que le sol se fût ressuyé et que le temps fût devenu sec.

Si après la semaille une forte pluie tasse la terre, il faut y passer la herse.

Dans beaucoup de circonstances, le seul moyen de faire disparaître les mauvaises herbes est le sarclage, quelque coûteux qu'il puisse paraître. On pourrait peut-être arriver au même résultat par un hersage énergique fait au moment le plus chaud de la journée; l'opération serait moins chère.

Si le rouleau n'a pas passé sur les champs d'avoine aussitôt après la semaille, il est bon qu'il y passe lorsqu'elle a atteint la longueur de 6 à 8 centimètres.

Les engrais liquides produiraient d'excellents résultats, particulièrement sur les avoines semées dans une terre maigre.

Il faut s'abstenir absolument de semer

de l'avoine qui aurait été attaquée du charbon ; le chaulage ni le sulfatage ne l'en débarrasseraient.

M. Hellouin a fait subir à l'avoine le sulfatage que j'ai vanté pour le blé, et il l'a semée à l'automne. Pas un seul grain n'a levé. Il a fouillé dans la terre et il a reconnu que tous les grains avaient pourri sans avoir germé.

Dès qu'une partie des grains est mûre, on coupe l'avoine ; si on différait de le faire, elle s'égrainerait trop facilement et on risquerait d'en perdre beaucoup. Elle mûrit bien en javelles et même dans les gerbes, tandis que laissée debout elle ne mûrirait que successivement.

Si elle reçoit un peu de pluie, elle est plus facile à battre ; mais il faut éviter de laisser mouiller l'avoine après sa maturité pour en augmenter le volume : c'est une méthode vicieuse, parce qu'elle provoque la germination et altère la qualité du grain, et que d'ailleurs la paille n'est plus aussi bonne. C'est d'ailleurs une véritable fraude qui peut bien augmenter le volume du grain, mais sans augmenter la partie nutritive. Pour éviter d'en être dupe, il faut acheter au poids et non à la mesure. Le javelage doit au plus durer de douze à quinze jours.

On dit souvent que l'avoine salit le sol. Ce dicton tient beaucoup plus à la place qu'on lui donne dans la rotation, qu'à la nature ou à la manière d'être de la plante, qui ne favorise pas plus les mauvaises herbes que toute autre céréale de printemps.

Le produit de l'avoine varie de 20 à 60 hectolitres par hectare. La paille donne de 1,500 à 4,000 kilogrammes. Cette paille est fort bonne pour les bestiaux, lorsqu'elle n'est pas restée trop long-temps en javelles, comme on se plaît quelquefois à la laisser. Plus elle est pesante, plus elle a de qualité.

100 kilogrammes d'avoine représentent 169 kilogrammes de bon foin. C'est une nourriture fort chère, comme on le voit, en comparant le prix des deux aliments.

D'après l'analyse chimique faite de l'avoine, elle nécessite, pour avoir une riche végétation, toutes les précautions que j'ai signalées, et en outre des engrais ou des amendements alcalins, la chaux, la marne, les cendres, la charrée. C'est la seule des graminées de notre pays qui ait paru sensible à l'action du plâtre.

L'avoine est employée, sans avoir germé, conjointement avec l'orge germée, dans la confection de la bière de Louvain, pour lui donner un goût agréable. Elle renferme en effet un principe aromatique qui se rapproche de celui de la vanille; c'est peut-être à ce principe qu'il faut attribuer la préférence que les chevaux lui donnent sur les autres grains.

(Payen, Moll, Mathieu de Dombasle, David Low.)

ARTICLE V.

Sarrasin.

Cette plante, qui nous vient de l'Asie, est aujourd'hui naturalisée dans une partie de l'Europe. Dans tous les pays de grande culture, là où le sol est riche et la main-d'œuvre chère, le sarrasin doit être proscrit, tant à cause de son peu de valeur relative, qu'à cause des soins et des travaux manuels qu'il exige. Encore est-on fort heureux, après tous ces travaux quand des pluies abondantes, des gelées tardives, ou une sécheresse excessive ne viennent pas contrarier sa végétation, ou même l'empêcher complètement.

Quoi qu'il en soit, il est des contrées où la culture de cette plante est en quelque sorte une nécessité. Le sarrasin entre pour moitié au moins dans la nourriture de certains cantons de la Bretagne, de la Basse-Normandie et du Bas-Maine ; quelques terres, qui contiennent de la magnésie, conviennent aussi fort bien à cette culture ;

et lorsque la main-d'œuvre n'est pas chère, il peut encore être avantageux de s'y livrer.

Le sarrasin vient fort bien sur un défrichement, sur un vieux pâturage rompu; il convient encore lorsqu'on veut changer une terre arable en prairie; les façons multipliées qu'il exige pour ameublir le sol et le nettoyer des mauvaises herbes, favorisent la belle venue des graines de prés; on peut de même, lorsque le commencement du printemps est trop mouillé, attendre, pour semer du trèfle, l'époque où l'on fait le sarrasin; le trèfle et la luzerne viennent très-bien à l'abri de cette récolte protectrice.

Si le sarrasin, comme je l'ai dit, nécessite de nombreux travaux, il faut dire aussi qu'il n'est pas exigeant sur la fertilité ni sur la richesse du sol. Pourvu qu'il trouve une terre meuble et chaude, il poussera bien; il germe et lève dans la poussière; il prend ainsi le devant sur les mauvaises herbes, et plus tard il les étouffe. Il occupe la terre environ pendant cent jours, et lorsqu'elle doit ensuite recevoir du blé, elle se trouve dans de bonnes conditions par cette culture préparatoire.

On le sème dans les derniers jours de mai et les quinze premiers de juin. On emploie 80 litres de graines par hectare et 50 seulement dans quelques localités. On en met d'autant plus que le terrain est moins riche.

On fume soit avec du fumier consommé, qu'on enterre à l'avant dernier labour, soit mieux avec de la charrée, du noir animal ou de la poudrette. Il ne conviendrait pas de donner une trop forte fumure, car le sarrasin, qui pousserait, il est vrai, avec une grande vigueur, produirait moins de grain. Si l'on emploie le fumier pour cette culture, la végétation en est d'abord vigoureuse, mais à l'arrière saison, le sarrasin se soutient mal, et, comme on le dit : il se laisse aller.

Quand le sarrasin prend sa troisième feuille, il lui faut de la pluie; plus tard, la chaleur, alternant avec des pluies, favorise sa végétation. Les orages et les grands vents lui font beaucoup de tort.

J'ai parlé des travaux multipliés que nécessite le sarrasin ; ils consistent en trois ou quatre labours, suivis d'autant de hersages. Dans l'intervalle de ces labours, on travaille la terre avec des rateaux, afin d'enlever toutes les mauvaises herbes. On les laisse d'abord étendues sur le champ, exposées au soleil, puis, avant le dernier labour on les réunit en petits tas disséminés sur la pièce, et on y met le feu. On épand aussi également que possible les cendres qui proviennent de cette combustion.

La récolte se fait lorsque la plupart des graines sont brunes. Le sarrasin, d'abord couché en andains ou en javelles, est immédiatement relevé par une femme, qui, après avoir redressé la javelle, la lie vers la tête avec quelques-unes des tiges qui la composent ; elle en élargit la base pour lui donner de l'assiette, et permettre à l'air d'y circuler ; elle dresse cette javelle et toutes les autres sur la pièce, qui se trouve couverte, de place en place, d'une multitude de petits cônes, vulgairement nommés *cabots*, *binots*, *roseaux*, *buteaux*. On les laisse ainsi pendant une huitaine de jours, quelquefois davantage, suivant le temps, afin d'en opérer la dessiccation, ensuite, on les bat sur la pièce même, comme le colza. On dispose dans ce but, à l'aide d'une bêche, une aire, sur laquelle on met d'abord un peu de paille, destinée à protéger la grande toile appelée *grange* ou *batterie*, dont on la recouvre.

Vers neuf ou dix heures du matin, quand le soleil a séché la rosée, on commence à battre. Il est difficile de dire combien il faut d'ouvriers pour exécuter cette opération ; cela dépend du temps qu'il fait pendant le battage et de l'état dans lequel se trouve le sarrasin ; s'il fait un très-beau soleil, et que le sarrasin soit bien *oré*, c'est-à-dire que le pédoncule qui soutient le sarrasin se brise et s'en aille comme en poussière, l'opération marche rapidement ; dans ce cas, huit ou dix personnes suffisent pour un hectare ; si, au contraire, les circonstances précédentes sont défavorables, il en faut un plus grand nombre, et le sarrasin n'est pas aussi bien battu. Quant à la distribution du travail, elle se fait dans la proportion et de la manière suivante : six *batteurs* se placent sur deux lignes, vis-à-vis les uns des autres ; deux *charrieurs* vont chercher sur des civières à colza ou dans des draps qu'ils chargent sur leur dos, le sarrasin, et ils l'apportent sur la batterie ; un *jeteur* placé près des batteurs, mais sur un troisième côté de la toile, jette sous leurs fléaux, au fur et à mesure du besoin, les petits cônes, et un *tireur*, placé en face de lui, enlève avec une fourche la paille battue. Tout cela s'exécute simultanément, avec aisance et facilité.

La paille battue est laissée en tas ; au bout de quelques jours, on la fane et on la distribue sur la pièce en petites portions convenables, afin d'achever de la dessécher, puis on en fait des bottes et on peut l'employer pour litière. Elle contient beaucoup de magnésie. (Elle est froide, disent les cultivateurs du Bocage.)

Le rendement du sarrasin est très variable ; en moyenne, il est de 18 à 24 hectolitres par hectare.

Lorsque le sarrasin est mal venu, que

ses fleurs ont coulé, il est sage de l'enterrer ou bien de le donner comme fourrage. Les bestiaux n'en paraissent pas très-avides ; il a l'inconvénient de faire enfler la tête des moutons, lorsque ceux-ci sont au soleil ; il paraît, d'ailleurs, qu'il contient un principe acide qui déplaît aux animaux : la paille, prise en certaine quantité, agace les dents des bestiaux, au point qu'ils ne peuvent plus mâcher. M. Biot a indiqué comme remède, de saupoudrer le fourrage d'une petite quantité de cendres ou de craie broyée très-fin.

On cultive encore une autre espèce de sarrasin, dit de Sibérie. Il paraît plus rustique et plus vigoureux que le précédent, et il rend davantage, mais il s'égraine facilement et la farine est amère ; aussi ne le cultive-t-on guère que pour le donner aux animaux.

Avant de livrer le sarrasin au commerce, après l'avoir vanné, on le *fautre*, c'est-à-dire, on le froisse fortement dans une poche, afin de faire disparaître les restes du pédoncule qui soutenait le grain et qui y restent encore attachés.

Le poids moyen de l'hectolitre est de 57 à 60 kilog., quelquefois même davantage.

CHAPITRE II.

Des Fourrages.

Les Fourrages sont des plantes qui servent surtout à la nourriture des bestiaux. On les divise en deux classes : Fourrages naturels, qui viennent et croissent dans les prés, en quelque sorte sans le travail de l'homme; et Fourrages artificiels, qui sont cultivés dans les champs. Nous en traiterons dans deux sections distinctes. La seconde formera deux subdivisions : l'une consacrée aux fourrages cultivés seulement pour leurs tiges; l'autre aux fourrages farineux, cultivés pour leurs tiges et pour leurs graines, qui contiennent une farine très-nourrissante.

Toutes ces plantes sont quelquefois cultivées pour être enfouies.

SECTION Ire.

FOURRAGES NATURELS. PRAIRIES.

Depuis l'introduction dans la culture, des trèfles et des autres fourrages artificiels, les prés ont bien perdu de leur importance. Une des qualités essentielles d'une exploitation était autrefois d'avoir de bons prés, assez grands pour subvenir aux besoins des animaux nécessaires sur la ferme, tandis que nous voyons aujourd'hui des domaines très-recherchés qui ne possèdent pas même une parcelle de pré. Ce n'est pas que de bons prés bien placés, faciles à arroser, ne soient pas généralement appréciés, mais ils n'ont plus la même valeur relative.

Le produit des prés s'emploie sous le nom de foin; il est bien prisé, surtout dans les terrains qui ne contiennent pas de calcaire, ou dans lesquels on n'emploie ni la chaux ni le plâtre.

Les prés demandent plus de soins, de travaux et d'engrais qu'on ne se l'imagine en général. Bien des cultivateurs se contentent d'ouvrir chaque année les rigolles d'irrigation, et bornent là tous leurs soins. J'ai dit, à l'article *Irrigations*, la manière d'arroser un pré, j'ajoute ici qu'il faut revoir souvent ces rigolles, en ouvrir quelquefois de supplémentaires, afin de débarrasser quelques parties du pré de l'eau stagnante qui favorise la venue des laiches, des renoncules, etc., ou pour arroser certaines parties qui ne le sont pas suffisamment. L'arrête-bœuf et la fougère sont détruits par les arrosements. On a dit aussi que la mousse disparaît d'un pré bien arrosé. Le fait n'est pas exact : j'ai un pré bien arrosé chaque année, et je me trouve dans la nécessité, de temps en temps, d'en faire enlever la mousse avec des rateaux de fer. Lorsqu'il y a beaucoup de mousse dans les prés, on les fait herser, on enlève celle-ci et on sème à la place de bonnes graines de prés ou bien encore du petit trèfle.

Une terre légère nécessite plus d'eau qu'une terre froide et naturellement humide. On s'aperçoit que le pré est suffisamment mouillé, lorsqu'une écume blanche se montre à la surface des parties mouillées. Quoique je n'aie point toujours formulé sous forme de précepte la pratique à suivre pour traiter un pré, les faits que j'ai cités et les résultats que j'ai obtenus sont suffisants, je pense, pour servir de guide et indiquer la marche à suivre.

Aux engrais que j'ai cités déjà, j'ajouterai, comme très-convenables sur les prairies basses, les balles des céréales et tous les débris de récoltes, les résidus de féculeries, la suie, la braise, le purin, les eaux de rouissage, etc.

Il existe des prés qui, placés dans des circonstances assez favorables, donnent cependant de chétifs produits, soit à cause de la mousse qui les infecte, soit parce qu'il est trop difficile de les purger de certaines plantes parasites dont les racines, les tubercules ou les ognons sont profondément enfoncés, comme le colchique et autres. Le rendement de ces prés n'est en rapport ni avec leur étendue, ni avec les soins et les travaux qu'on leur donne, quoique, je le répète, placés dans des circonstances favorables, d'ailleurs : il faut les rompre sans hésiter.

Le seul moyen profitable pour les transformer en terres arables, c'est de donner vers le mois de mars un labour de 15 centimètres de profondeur, d'y semer des pommes de terre ou toute autre récolte sarclée, à laquelle on donnera toutes les façons ultérieures à la main. S'il existe dans ce pré beaucoup des mauvaises herbes dont j'ai parlé, on fera deux ans de suite des tubercules ou des racines en ligne ; dans le cas contraire, on pourra faire immédiatement de l'avoine ou du colza, qui donneront de très-bons produits sur un seul labour.

De quelque manière que l'on traite ce nouveau terrain, il est essentiel de ne pas abuser de sa fertilité, et si, au bout de trois, quatre ou cinq ans, on le remet en pré, il convient qu'il soit encore en bon état.

Pour transformer une terre arable en pré, il convient que la terre soit bien engraissée, qu'elle soit meuble et parfaitement purgée de mauvaises herbes ; il convient encore que sa surface soit bien régulière et bien unie.

Pour obtenir ce résultat, il faut fumer fortement, donner à propos des labours et des hersages, et répandre sur le sol les cendres des mauvaises herbes qu'on aura brûlées. Sans entrer dans le détail de tous ces travaux, j'insiste pourtant pour que le premier labour soit donné avant l'hiver. La terre étant ainsi préparée, on sème les graines de pré dans du sarrasin, en ayant soin de ne mettre qu'un tiers ou une moitié de la quantité de sarrasin que l'on emploie quand on le cultive pour lui seul ; on herse et on roule. Le sarrasin une fois mûr, on le coupe et on le fait sécher sur une pièce voisine. Ce sont les mêmes travaux qu'on exécute quand on veut remettre en pré les prairies qu'on avait rompues. On peut encore semer les graines de pré dans de l'orge ou dans de l'avoine.

Les graines dont on se servira pourront être prises dans les balayures de greniers à foin, si le foin qui y a été tassé provient de nouveaux prés ensemencés de bonnes graines, choisies avec intelligence ; mais si le foin provient de vieilles prairies, dans lesquelles, quoi qu'on fasse, de mauvaises herbes ont toujours trouvé moyen de s'introduire, il faut se garder de prendre ces balayures, qui seraient pernicieuses. Dans ce cas, on fait récolter soi-même ses graines par des enfants et des femmes sur de bonnes espèces, et surtout sur des espèces qui viennent à maturité à peu près à la même époque. Il convient que ces espèces soient assez nombreuses, une bonne moitié prise parmi les graminées (herbes proprement dites), l'autre parmi les légumineuses, (trèfle rouge, blanc, jaune, etc.). Voici quelques plantes qu'on pourrait associer : la flouve odorante, le vulpin des prés, le ray-grass, la houque laineuse, le pâturin des prés, la chicorée sauvage, les trèfles. Ces plantes sont mûres de très-bonne heure et à peu près en même temps ; elles font d'ailleurs un très-bon foin.

Si le semis des graines de pré a été fait de bonne heure, dans de l'avoine ou de l'orge, on peut compter, dès la première année, sur un beau regain, si le pré peut être arrosé après l'enlèvement de la plante protectrice, et que le temps soit favorable. La quantité de semences sera d'environ 20 à 25 kilog. par hectare. Les graines dont le volume et le poids sont différents, seront semées chacune à sa part.

Rarement on transforme un pré en terre arable ; cela tient à plusieurs causes, dont la principale est que, presque toujours, un fermier est disposé à abuser de la richesse de ce sol mis en culture, et qu'il ne le remet en prairie que lorsqu'il est appauvri ; c'est alors qu'on peut dire avec raison qu'on aurait mieux fait de le laisser comme il était. Une autre raison encore, c'est que l'on a érigé comme en principe, qu'il ne faut pas labourer un pré susceptible d'être facilement arrosé, c'est une erreur.

Le moyen que j'indique ici me semble de beaucoup préférable aux autres modes que j'ai entendu préconiser. Ainsi on a vanté un premier labour avant l'hiver, au mois de mars un labour en travers, d'autres labours encore, des hersages, etc. On a aussi recommandé l'écobuage..... Je le répète, par le simple labour que j'indique, on arrive sûrement, promptement et à bon marché, à un résultat au moins aussi profitable que par ces moyens difficiles et toujours très-coûteux. Je dois dire cependant que si le terrain était tourbeux, il vaudrait mieux écobuer.

Je suppose la récolte qui protégeait les graines de pré enlevée : il faut éviter soigneusement qu'aucun animal n'aille brouter le jeune gazon ; il n'est pas suffisamment enraciné, pour résister à une telle épreuve ; il faut attendre jusqu'à la seconde année pour y mettre des moutons qui le brouteront ras, et le feront taller. Dans tous les cas, pour ces nouveaux prés, comme pour ceux qui sont plus anciens, il ne faut jamais mettre les bestiaux dans un pré lorsque le sol est humide. Les bestiaux, comme on le dit, mangent alors avec la bouche et avec les pieds.

Les prés élevés et secs donnent un excellent foin, mais en si petite quantité, que dans beaucoup de cas, il serait avantageux de les transformer en terres arables ou en luzernières. Les prés marécageux donnent un mauvais foin, il convient lorsqu'il est en meules de le laisser arriver jusqu'à un commencement de fermentation (d'échauffement); alors il devient légèrement sucré, et il plaît assez aux bêtes. C'est particulièrement à cette sorte de foin qu'il faudrait ajouter du sel de cuisine.

Les pâturages permanents se traitent comme les prés, avec cette différence que quand on y sème des graines, on les prend de toutes saisons. On ne met en pâturages, excepté dans les pays d'élèves, que des terrains assez médiocres comme terre arable, et dont on ne peut faire un pré parce qu'ils ne peuvent être arrosés.

Quant à la pâture dans les étoubles, c'est une mauvaise pratique; mieux vaut donner un labour aussitôt que la récolte est enlevée.

SECTION II.

FOURRAGES ARTIFICIELS.

1re. SUBDIVISION.

Plantes exclusivement fourragères.

ARTICLE 1er.

Trèfle commun (trifolium pratense).

Le trèfle est, de tous les fourrages qui peuvent entrer dans un assolement régulier, le plus profitable et le meilleur. Ce qu'on dit du froment en le comparant aux autres céréales, on peut le dire beaucoup mieux encore du trèfle comparé aux autres fourrages, car il n'est pas utile seulement par les produits qu'il donne immédiatement, il l'est aussi par la richesse qu'il procure au sol qui l'a porté. Mais ici encore, comme pour beaucoup d'autres récoltes, tout dépend de la manière dont on l'a traité. La place qu'on lui assigne souvent est la moins convenable de toutes. En effet, bon nombre de cultivateurs ne le mettent que dans une céréale de printemps, venue après une première céréale d'automne. A ce moment, la terre, presqu'épuisée par ces deux récoltes successives, est pleine de mauvaises herbes, infestée par des insectes qui, trouvant deux années de suite les mêmes circonstances favorables à leur existence et à leur développement, pullulent au grand détriment de la nouvelle plante. Il est impossible que, dans une situation aussi fâcheuse, le trèfle puisse être beau et donner des produits avantageux. La théorie l'avait ainsi préjugé ; l'expérience de tous les jours le confirme. Le tort occasionné par cette rotation irrégulière ne se borne pas à l'exiguité du produit, mais le sol, loin de s'être amendé, s'est au contraire appauvri. Le trèfle, en effet, enrichit ou détériore le sol, suivant que sa culture est bien ou mal dirigée.

La place du trèfle est dans la première céréale qui suit une culture sarclée. On doit semer quand la céréale commence à couvrir le terrain. Dans le cas où cette céréale est du froment, ce qui arrive le plus ordinairement, le hersage dont j'ai parlé comme pratique généralement utile pour sa bonne réussite, favorisera la germination du trèfle. On le recouvrira soit par un tour de herse, soit à l'aide du rouleau. S'il tombe de la pluie deux ou trois jours après, il germera et poussera même très-bien, sans être recouvert ; dans tous les cas, on pourra le semer avant de donner le hersage pour le blé.

On peut encore très-bien semer le trèfle dans une céréale, l'avoine ou l'orge destinée à être coupée en vert. De cette manière on obtiendra probablement, outre deux coupes de la céréale, une coupe de trèfle à l'automne : il faut alors semer de bonne heure.

L'ensemencement se fait en une allée et une venue, en répandant chaque fois la moitié de la graine.

La quantité voulue est de 18 à 24 kilog. de graine par hectare. Mieux vaut semer dru qu'autrement. La semence doit être d'un jaune clair mêlée de bleu, brillante ou au moins luisante. Si les grains sont ternes et tirent un peu sur le brun, il est fort à craindre qu'ils n'aient perdu leur faculté germinative. La graine la plus pesante est la meilleure.

Le terrain le plus favorable à la belle venue du trèfle, est le terrain argilo-calcaire, possédant de l'humus en assez grande quantité, et dont le sous sol est un peu humide. Dans ce terrain, le trèfle bien placé rendra au moins 7,000 kilog. par hectare. Cela ne signifie pas que le trèfle ne puisse prospérer dans d'autres terrains, mais le rendement y sera plus faible. Les terres légères, sablonneuses même, donneront encore une assez bonne récolte, si elles reposent sur un sous-sol argileux. C'est dans de pareils terrains qu'il convient surtout de récolter la graine. On peut dire en général que toute terre à blé convient au trèfle, en se rappelant toutefois qu'il réussira d'autant mieux que l'année aura été plus chaude et plus humide, surtout quand il se trouve dans un sol léger.

Le trèfle craint peu le froid avant d'être monté en tiges, mais alors il devient très-sensible aux gelées.

Une fois qu'il sera semé, on fera bien de répandre en couverture un engrais pulvérulent, surtout des cendres lessivées.

Si on s'apercevait que le blé versât peu après qu'il est en épis, et par conséquent que le trèfle fût étouffé, il faudrait peut-être se décider à faucher le froment pour fourrage ; il produirait une excellente nourriture pour les chevaux et pour les bœufs, et le trèfle donnerait un très-beau produit, qui ferait presque compensation avec la perte d'une récolte de blé versé.

Le plâtre, ainsi que nous l'avons fait observer en traitant des amendements, est une des substances les plus fertilisantes qu'on puisse employer pour exciter la belle végétation des trèfles. D'après les observations de praticiens distingués, il paraît agir avec plus d'efficacité quand on a pu le semer de bonne heure, et que cette opération a été suivie, pendant une dixaine de jours, d'une température douce. Dans les terrains où le plâtre ne réussit pas, on pourra arroser le trèfle avec du purin, ou le saupoudrer avec de la suie ou de la charrée. Il convient d'ôter les pierres qui sont à la superficie du sol.

Si l'on fait consommer le trèfle en vert par des bêtes ruminantes, il faut éviter de leur en donner à la fois une grande quantité lorsqu'il est tendre et humide; elles le mangeraient avec une avidité excessive et pourraient, sinon périr, au moins être très-malades. Une grande quantité de gaz se produit alors dans le premier estomac de ces animaux, et ils sont, comme on le dit, enflés, météorisés. Pour remédier à cet état de maladie, il faut les promener, leur jeter de l'eau froide brusquement et de manière à les surprendre, ou bien il faut les conduire dans une mare où une rivière, et en même temps leur faire avaler de l'eau dans laquelle on aura ajouté une cuillerée à café d'ammoniaque liquide (alcali volatil) par demi litre. Si ces moyens ne réussissent pas, il faut avoir recours à un vétérinaire qui pratiquera une opération.

Destiné à être mangé en vert, le trèfle sera coupé lorsqu'il est arrivé à environ 18 centimètres de hauteur. S'il est en fleurs, les bestiaux le mangent moins volontiers.

La cuscute est de toutes les mauvaises herbes la plus redoutable pour le trèfle, et aussi pour la luzerne à la seconde coupe.

On a proposé, pour la détruire, de faucher le trèfle et la luzerne dans les places infectées, et de les recouvrir avec 6 centimètres de terre ou 3 centimètres de tannée. Le trèfle et la luzerne percent cette couche, et la mauvaise herbe ne revient pas. On a encore proposé de brûler la place avec une poignée de paille, ou de couper plusieurs fois de suite à la faucille.

Pour convertir le trèfle en foin, il faut observer le moment opportun et user de certaines précautions. Cette opération ne peut s'exécuter par un temps de pluie, mais il faut éviter également une température brûlante, comme très-nuisible pour la seconde coupe.

Fauchera-t-on au commencement de la fleur? Ne fauchera-t-on que lorsque tout le champ sera en pleine fleur? Les opinions diffèrent à cet égard, et chacun justifie la sienne par des raisons assez plausibles; considérons donc la chose comme indifférente, et nous dirons que cet intervalle du commencement de la fleur à la fleur épanouie donne de la latitude au cultivateur, et lui permet d'attendre une température favorable pour ce travail, qui, dans tous les cas, doit se faire avant le 25 juin.

On coupe le trèfle à la faux, qui le couche en andains. On le laisse ainsi pendant un jour; le lendemain, quand il n'est plus mouillé par la rosée, il est retourné deux ou trois fois, mais sans être fané, comme on fait pour l'herbe des prés. Le soir, on le met en petits tas vulgairement nommés *veillottes*, *bocottes*, *butteaux*, etc., que l'on n'étend plus, mais qu'on retourne seulement et qu'on soulève légèrement pour les aérer. On le laisse ainsi pendant un ou deux jours; ensuite on en forme de moyens tas qu'on expose autant que possible à l'air et au soleil, sans cependant les étaler sur le sol; enfin, on l'élève en grands tas ou *meulons*, *buttes*, qu'on évite de serrer et auxquels on donne, comme aux petits tas, une forme conique aussi pointue que possible. A partir du moment où l'on dispose le trèfle en petits tas, on n'y touche plus que le soir et le matin. On peut l'y laisser pendant quelques jours, il ne fera qu'acquérir de la qualité.

Si l'on se trouvait surpris par des pluies, alors il faudrait étendre de nouveau les petits tas avec précaution, et recommencer comme on avait fait d'abord.

De cette manière, on conserve les feuilles qui sont la partie la plus savoureuse et la plus nourrissante du trèfle, tandis que par la méthode de fanage ordinaire, on ne conserve que les tiges privées de toutes leurs feuilles. C'est perdre à plaisir une grande partie de cette récolte. Moins on travaille le trèfle, mieux cela vaut. Il se pourrait que, par le moyen que j'indique, quelquefois la masse s'échauffât, et devînt même un peu brune ; mais l'humidité se dissipera bientôt et ne nuira en rien à la bonne qualité de ce foin, qui ne moisirait que dans le cas où il aurait été mal tassé.

Le produit de la première coupe est, en général, de 5 à 6,000 kilogrammes. 100 kilogrammes de trèfle vert se réduisent à 22 ou 24 kilogrammes par la dessiccation.

Le trefle destiné à porter graine ne doit pas être trop vigoureux, mieux vaut qu'il soit un peu maigre, aussi n'y consacre-t-on que la seconde coupe. On attend, pour le faucher, que les têtes s'enlèvent facilement à la main. Quand les andains sont secs aux deux tiers, on en forme de petits cônes qu'on lie légèrement au-dessous des têtes, on les dresse sur les pieds, comme le sarrasin, pour achever de les sécher, puis on bat. On peut compter sur 3 à 400 kilogrammes de graines par hectare.

Mieux vaudrait peut-être faire récolter les têtes par des enfants, comme en Flandre, et on couperait ensuite. On pourrait encore se servir d'un instrument ingénieux inventé par M. Hellouin, médecin et cultivateur à Aunay. Cet instrument très simple, qu'il nomme *ébroussoir*, est précieux surtout dans les années humides. Il joint à l'avantage de bien fonctionner, celui de ne pas coûter plus de 3 à 4 francs. J'en donnerai la description à l'appendice.

Si les têtes ont été séparées des tiges, on les expose encore au soleil, et dans le cas où le battage n'en serait pas immédiatement effectué, on les étend sur un plancher bien aéré et bien sec, en couches de 30 à 40 centimètres d'épaisseur. On les y laisse jusqu'à ce qu'il gèle et qu'il fasse un beau soleil auquel on les expose pendant quelques heures ; alors on procède au battage, soit au fléau, ce qui est plus long, soit en les mettant sous des pilons ou dans le tour dont on se sert pour pressurer les pommes. Quel que soit le moyen dont on use, le temps froid et l'exposition au soleil pendant quelques heures favorisent beaucoup l'opération.

La paille de trèfle qui a porté graine ne peut pas avoir, comme fourrage, la valeur du foin de trèfle, mais elle a au moins celle de la paille des céréales. La balle du trèfle est beaucoup meilleure que celle du blé.

Le trèfle qui porte graine épuise-t-il plus la terre que s'il eût été coupé en vert ? Si l'on ne consultait que la théorie, on répondrait affirmativement ; mais il s'agit d'un fait, et c'est au fait à répondre. La question ne peut encore être résolue, l'expérience n'ayant pas prononcé.

Lorsque l'on veut faire le sacrifice de la graine, on enfouit la seconde coupe de trèfle lorsqu'elle est en fleurs. C'est plus qu'une demi-fumure. Quelques jours après, on sème le blé, qu'on enterre par un coup de herse.

Il est ordinairement bon de ne pas conserver le trèfle plus d'une année, parce que les mauvaises herbes s'y multiplient à mesure qu'il vieillit ; les céréales qui suivent sont moins belles ; d'ailleurs, la prolongation de la durée du trèfle fait qu'il ne peut revenir que plus tard sur la même pièce.

(Schmalz, Marshall, Ferme expérimentale de Hohenheim, Schrœder, Elsner, B[on]. Higonet, Hellouin, Mathieu de Dombasle, Rozier, Moll, Leblanc, Gilbert.)

ARTICLE II.

Trèfle blanc.

Le trèfle blanc, destiné surtout au pâturage, est une plante très-précieuse. Il est infiniment moins difficile sur la nature du sol que le trèfle rouge. On le sème ordinairement dans une céréale, à raison de 10 à 12 kilogrammes de graine par hectare ; on sème en même temps autant d'hectolitres de cendres. Ce trèfle est vivace et talle beaucoup.

La céréale enlevée, si le trèfle est bien venu, on y met les bêtes à corne. Pour éviter le gaspillage, on fera bien de les attacher au piquet. Au printemps suivant on le plâtre, puis après l'enlèvement du fourrage, on rompt suivant les exigences de la rotation. Si l'on veut récolter de la graine de ce trèfle, il ne faut pas y laisser les bestiaux au-delà de la St.-Jean. La balle est un excellent fourrage; on la préfère même aux tourteaux. Lorsque ce trèfle réussit, le rendement est considérable. Un hectare peut donner plus de cinq hectolitres de graines. Quelques agronomes en portent le prix à plus de 300 francs.

On fauche parfois, quoiqu'assez rarement, la première coupe qui donne un bon produit. Le trefle blanc paraît plus nourrissant que le rouge; il pousse assez vigoureusement encore dans des sols sablonneux, et dans des sols argileux et maigres, où ce dernier ne vient pas; sa graine est plus facile à extraire que celle du trèfle rouge.

(Schwerz, A. Young, Mathieu de Dombasle, Lobbes.)

ARTICLE III.

Trèfle incarnat.

Cette plante, inférieure aux autres trèfles, présente néanmoins quelques avantages qui ne permettent pas de la négliger; en effet, quoique le trèfle incarnat ne donne qu'une coupe, qu'il soit mangé par les bestiaux moins volontiers que les autres fourrages, et qu'il favorise moins le lait que les trèfles rouge et blanc, il a l'avantage de venir huit à dix jours avant la luzerne, et quinze à dix-huit jours avant le trèfle rouge. Sa présence dans un champ ne paraît d'ailleurs gêner en rien le retour des autres trèfles ; il se contente d'un terrain très-médiocre, graveleux, sablonneux, léger.

Immédiatement après la récolte du blé ou du seigle, on le sème seul, après un simple déchirement de la terre par la herse. Ce trèfle développe très-bien ses premières racines sur un terrain ferme, et l'ameublissement de la terre ne lui conviendrait pas. Si on le semait après du colza, vers la fin de juillet, il donnerait une première coupe à l'automne et une deuxième au printemps suivant; dans tous les cas, il se récolte assez tôt pour qu'on puisse encore planter des pommes de terre, repiquer des betteraves, et même faire du sarrasin.

Il faut semer par hectare 50 livres de graines nettoyées, ou, ce qui vaut beaucoup mieux, 100 livres de graines non nettoyées.

Pour récolter la graine, on n'attendra pas, comme pour le trèfle rouge, que les têtes se detachent, car alors on perdrait tout. On fauche quand les têtes sont encore vertes. Si l'on veut en faire du foin, il faut faucher au moment où la plante est en fleur.

(Mathieu de Dombasle, Pictet.)

ARTICLE IV.

Sainfoin (esparcette).

Le sainfoin est encore un des meilleurs fourrages qu'on puisse cultiver, et s'il n'est pas aussi productif que la luzerne et le trèfle, il a sur eux le grand avantage de venir parfaitement sur des terrains qui seraient impropres à la culture de ces deux fourrages; employé en vert, il n'occasionne point de météorisation; les tiges ne deviennent point ligneuses, même quand il est en fleurs.

On a écrit quelque part que le sainfoin

vient partout. Ce qui peut-être a contribué à accréditer cette opinion, c'est qu'il se contente d'un terrain graveleux, maigre, sablonneux, d'une couche végétale si peu épaisse qu'elle soit, mais à la condition que le sous-sol soit calcaire et que la plante ne trouve nulle part l'eau croupissante. Cette condition pourtant d'un sous-sol calcaire, n'est pas absolument indispensable.

Il existe deux variétés de sainfoin, connues dans la plaine de Caen sous les noms de *grande graine* et de *petite graine;* la grande graine produit des tiges plus hautes et plus fortes, qui se coupent deux fois chaque année. La petite graine, comme son nom l'indique, donne des plantes plus petites dans toutes leurs parties. Elles ne se coupent qu'une fois, un peu avant la grande graine, mais elles fournissent un foin meilleur, et plus tard on obtient un regain qu'on fait manger aux bestiaux.

Comme le produit du sainfoin est faible la première année, on a l'habitude de le semer dans une céréale de printemps à la dose de 6 hectolitres de graines par hectare.

La semence, plus grosse que celle du trèfle, doit cependant être peu enterrée.

Pour avoir de la graine, on fauche par un beau temps et pendant la rosée, lorsque les siliques sont mûres en majeure partie. On laisse en andains jusqu'au soir, puis on retourne avec beaucoup de précaution ; on le met en *cabots*, de manière que ce qui était dessous se trouve dessus. Aussitôt que la *fauchée* est sèche, c'est-à-dire au bout de six à huit jours, on bat sur une toile. Quatre hommes peuvent battre dans le jour le produit d'un hectare. On fait sécher la graine au soleil, on la passe au tarare, et on conserve pour l'usage.

Pour avoir du foin, on fauche aussitôt que la moitié des fleurs est épanouie ; après le fauchage, on étend plusieurs fois avec des fourches de bois, et le soir on réunit en petits tas qu'on nomme *cabots*, *veillottes*, *butteaux*. Le lendemain, quand il est ressuyé, on l'étend de nouveau, et le soir encore on le remet en petits tas, qu'on fait d'autant plus forts qu'il approche davantage de la dessiccation, puis enfin on le met en *meulons*, *buttes*, quand il est sec. On le laisse ainsi pendant plusieurs jours, puis on le lie en bottes avec des liens de paille de blé ou d'avoine. Quand même le sainfoin ne serait pas rentré parfaitement sec, sa qualité n'en serait pas altérée, mais il aurait l'inconvénient de fumer.

Si, après cette récolte, le terrain n'est pas enrichi comme après le trèfle, du moins cette culture ne paraît pas l'avoir appauvri.

Le sainfoin viendra bien surtout après une ou deux récoltes sarclées ; il vient aussi dans une deuxième céréale, lorsque le terrain a été bien préparé. Dans tous les cas, il convient de semer dru, surtout si on n'a pas récolté soi-même la semence.

Les fumures en couverture avec des compôts, du fumier, loin de paraître avantageuses, produisent un mauvais effet. Le plâtre, la suie, les cendres lessivées, sont, au contraire, très-profitables ; les hersages produisent également un fort bon effet. Cette pratique pourtant n'est pas bien en usage.

Le sainfoin ne supporte pas le pâturage par les moutons.

Le rendement paraît être de 40 quintaux métriques par hectare.

Le sainfoin dure de trois à douze ans, suivant que les racines trouvent dans les couches où elles sont enfoncées des sucs propres à leur entretien et à leur développement. Mais, souvent dès la quatrième année, il est accueilli par des touffes d'herbe qui l'étouffent et préparent mal la terre pour les cultures suivantes. Il ne peut guère revenir dans une même pièce que six ans après qu'il a été rompu.

(Schwerz, Pictet, A. Young, Crud. Moellinger, Le Bariller.)

ARTICLE V.

Choux.

Il en existe beaucoup de variétés. Ils se distinguent d'abord en choux à tête et choux à feuilles; les uns et les autres sont très-convenables pour fourrages; mais comme les choux à tête se conservent difficilement pour l'hiver, qu'ils sont destinés surtout à la nourriture de l'homme, et que leur place est ordinairement dans le jardin potager, je n'en parlerai point. Il ne sera question ici que des choux à feuilles, et surtout du *chou cavalier*, *chou vert*, *chou vache*, *chou du Poitou*, ce sont les différents noms sous lesquels il est connu. Il en existe une variété qui devrait être plus commune, comme résistant mieux aux froids de l'hiver, c'est le chou frisé du Nord.

Les choux craignent la sécheresse et les grands froids.

Ils aiment un sol argileux, propre, meuble, et surtout bien fumé.

On peut les semer dans une autre récolte, dans du sarrasin, par exemple, où ils viennent fort bien, et on les repique en octobre; on peut aussi les semer seuls au mois d'août, ou bien encore les semer avec de la graine de carottes, et lors de l'arrachage des choux;

la terre se trouvant remuée et comme binée, la carotte continue d'y pousser vigoureusement. Il est bien entendu que le terrain a été bien préparé et bien fumé ; on peut encore semer en mars pour repiquer en mai : c'est, dit-on, la meilleure méthode ; pour moi, je fais repiquer en octobre.

Le repiquage se fait au plantoir ou à la bêche, ou encore à la charrue, par un temps humide et surtout sur un labour frais, en ligne de deux pieds et à distance de 50 centimètres environ ; on peut alors, avec beaucoup d'avantage, arroser chaque pied avec du purin.

Les feuilles se récoltent en automne, dans l'hiver et jusque pendant la première moitié du printemps de la deuxième année, où ils commencent à monter en graines. On commence cette récolte par les feuilles les plus basses. Les tronçons, s'ils ne sont pas trop durs, sont très-savoureux. S'ils sont trop durs, on les brûle.

Il est toujours avantageux de récolter la graine chez soi, on est moins exposé à être trompé ; il convient toutefois de faire observer que la graine venue dans le voisinage des navets, du colza ou d'une autre plante de la même famille, pourrait fort bien ne pas être bonne. Un demi-litre suffit pour une pépinière qui doit fournir du plant à un hectare.

Les choux conviennent aux vaches, aux bœufs à l'engrais. On estime qu'un hectare de choux suffit pour engraisser quatre bœufs ; ils ne conviennent guère aux autres animaux. Le beurre des vaches nourries de choux est estimé ; il se conserve très-bien, mais pour cela il ne faut pas que les choux entrent dans la nourriture des vaches pour plus de moitié, sans quoi il prend un mauvais goût.

600 kilogrammes égalent 100 kilogr. de foin.

(Schwerz, Green, A. Young, Schmalz, Mathieu de Dombasle.)

ARTICLE VI.

Luzerne.

Olivier de Serres appelait la luzerne, la merveille du ménage des champs.

Dans la grande, comme dans la petite culture, il sera toujours très-utile d'avoir, s'il se peut, dans le voisinage des écuries, une portion de terrain prise en dehors de la rotation et consacré à la culture de la luzerne. La bonne qualité de son fourrage soit en vert soit en sec, la richesse de sa végétation, les différentes coupes qu'on en retire chaque année, rendent ce fourrage le plus précieux de tous ceux que nous connaissons jusqu'ici; malheureusement cette plante est exigeante, et, si j'ose le dire, elle est capricieuse. En effet, il lui faut un sol profond, très-meuble, riche surtout par d'anciennes fumures, un sous sol substantiel et qui ne retienne pas l'eau; elle prospérera surtout, si ce sous-sol est d'une nature calcaire. D'un autre côté, on la voit quelquefois réussir sur des terres graveleuses, rouges, et sans engrais, pourvu qu'elles soient profondes. Il y a beaucoup de prairies sèches, qu'on pourrait remplacer par des luzernières.

Quant à la durée de cette plante, il est difficile de la fixer par avance, mais, en général, voici ce qu'on peut préjuger à cet égard: la luzerne durera plus long-temps la première fois qu'on la cultive, que lorsqu'elle revient pour une seconde fois sur un terrain quelconque, ne fût-ce qu'au bout de trente ans. Sa durée dans l'un et l'autre cas sera en raison de la richesse et du profond détournement du sol. On peut en quelque sorte déterminer soi-même la durée de la plante par la profondeur qu'on donne aux labours. Cette profondeur sera d'autant plus grande que le sous-sol lui convient moins. S'il est tellement dur que la plante ne puisse le pénétrer, elle ne tarde pas à dépérir; elle dépérit également aussitôt qu'elle trouve une couche de terre argileuse, et entretenue dans l'humidité par des eaux souterraines.

Avant d'entreprendre la culture de ce fourrage, qui nécessite beaucoup de travaux et d'engrais, il convient de s'assurer, par des sondages faits dans différents endroits de la pièce qu'on destine à cette culture, que le sol et le sous-sol possèdent bien les qualités requises pour la venue et le développement de cette plante. Lorsque, de cet examen, il sera résulté que le sol est profond, qu'il est placé sur un sous-sol perméable et substantiel, plus sablonneux qu'argileux, plus léger que lourd, riche, et contenant, s'il se peut, un gravier, marneux, on peut alors commencer les travaux d'appropriation, avec la certitude de réussir. Pour cela, il faut. 1°. ameublir le sol ; 2°. le défoncer d'un mètre même de profondeur, s'il se peut ; 3°. assainir de manière que les eaux surabondantes puissent s'écouler ; 4°. purger le sol de toute mauvaise graine ; 5°. mettre la surface de la terre bien égale, la semence ne devant être recouverte que très-légèrement.

Dans les travaux nécessaires pour arriver à ce résultat, il ne faut pas craindre de ramener à la surface, de la terre non végétale, parce que la luzerne, comme tous les trèfles, aime les sols vierges, et qu'elle va très-bien chercher la bonne terre à quelque profondeur qu'on l'ait fait descendre. En quatre ou cinq ans, ses pivots ont au moins trente centimètres de longueur.

Comme ces travaux d'ameublissement et de défoncement du sol devront s'exécuter par des labours très-profonds et par d'autres plus superficiels, on aura soin, lors du dernier labour de défoncement, d'enfouir la moitié du fumier qu'on destine à cette plante ; l'autre moitié sera enfouie par un labour moins profond. Quelque répugnance qu'on éprouve à enterrer si profondément un fumier qui, plus tard, ne profitera ni aux cultures de céréales, ni aux racines, ni aux tubercules, j'insiste pourtant sur cette pratique, qui favorisera la richesse des produits et la durée de la plante. En effet, il ne faut pas s'imaginer qu'on puisse obtenir le même avantage par des fumures faites chaque année en couverture; la plupart du temps elles n'influent guère sur les produits, car la luzerne s'alimente et se nourrit surtout par l'extrémité de ses racines ; le seul bénéfice qu'on puisse en attendre, c'est que ces fumures seront très-profitables au blé qu'on fera sur la luzerne rompue. Quant aux engrais enfouis, ils seront toujours bien utilisés par la luzerne, qui ne cessera de végéter que lorsque les couches profondes seront entièrement épuisées. Ce que la luzerne recherche surtout, c'est la richesse dans la profondeur.

Il n'est jamais prudent de semer la luzerne sur un terrain nouvellement défoncé et amendé; il faut le préparer par une culture sarclée, qui aura le grand avantage de nettoyer parfaitement le sol. C'est une précaution essentielle, car il est plus facile d'empêcher la venue des mauvaises herbes que de les détruire quand elles sont venues.

La graine qu'on sèmera sera propre, exempte de toute graine étrangère; il faut éviter surtout qu'il s'y trouve de la graine de cuscute : c'est l'ennemie mortelle de la luzerne. La bonne graine est jaune et luisante. Les grains blancs ne sont pas parvenus à maturité, et les grains d'un brun foncé ont été décossés au moyen d'une chaleur trop forte.

La quantité de semences est de 36 à 40 kilogrammes par hectare. Il ne faut pas craindre de semer trop dru : on maintient ainsi la luzerne en bon état de propreté, et son rendement est plus considérable. On a beaucoup vanté l'addition de graines de trèfle rouge; c'est une très-mauvaise manière justifiée par la théorie peut-être, mais que la pratique réprouve. Tout au plus pourrait-on faire cette addition dans une luzerne qui serait destinée à ne durer que trois à quatre ans.

Les semailles se font au printemps quand on ne redoute plus les gelées, ou plutôt quand déjà la température est élevée et soutenue, car la luzerne exige, pour germer, une température de douze degrés ; si on devançait cette température, la graine resterait en terre sans pousser, tandis que la plupart des graines de mauvaises herbes germeraient et nuiraient singulièrement au développement de la plante. Semée seule de cette manière, et recouverte seulement par un coup de herse, on peut en retirer une coupe dès la première année. Pour faucher cette première coupe, on attend qu'elle ait atteint une hauteur de 4 décimètres (14 pouces environ); cependant, s'il y avait beaucoup de mauvaises herbes, on couperait beaucoup plus tôt, afin d'éviter que les petites plantes de luzerne fûssent étouffées et que les plantes adventices donnassent des graines.

Cette méthode de semer la luzerne seule en printemps, me paraît infiniment préférable aux autres méthodes employées par certains cultivateurs, et qui consistent à abriter la luzerne par une plante protectrice. Ainsi, on sème quelquefois avant l'hiver dans du blé, quelquefois au mois de mars dans du lin, en juin dans du sarrasin ou encore dans un blé de printemps. Si on associe cette plante à une céréale, il ne faut prendre pour celle-ci que les deux tiers de la semence qu'on emploie habituellement. Je conseille, je le répète, de semer la luzerne au mois d'avril ou de mai sans l'associer à aucune autre plante.

A partir de la seconde année, on peut plâtrer la luzerne et la herser fortement : la plante est alors enracinée de manière à ce qu'elle ne craigne rien de la herse.

Dans aucun cas on ne fumera une luzerne avec du fumier frais. On peut employer les engrais pulvérulents, mais surtout le purin. Le varech est aussi un excellent engrais pour cette plante.

Fauchée avant la fleur, elle peut donner jusqu'à trois et même quatre coupes, et par hectare 7 à 8,000 kilogrammes de foin aussi bon que celui des meilleures prairies, meilleur que celui du trèfle. C'est une mauvaise pratique de ne faucher qu'à la fleur. La manière de dessécher ce foin est la même que celle employée pour le trèfle (voyez *trèfle*). La luzerne s'accommode bien d'un arrosement après chaque coupe.

On rompt la luzerne lorsqu'elle se salit et s'éclaircit, et comme il est difficile d'en débarrasser immédiatement le sol, il convient alors de la faire suivre par une culture sarclée et binée. On donne souvent la préférence, pour arriver à ce résultat, aux betteraves repiquées. Les autres cultures qu'on fait ensuite viennent d'une manière luxuriante, et les céréales sont exposées à verser.

On ne récolte la graine que lorsqu'on rompt la prairie. Sa faculté germinative se conserve d'une manière très-variable. Afin d'acquérir la certitude que la graine qu'on possède peut lever convenablement, on peut l'essayer dans de la terre de bruyères : elle doit germer au bout de quarante-huit heures.

En résumé : terrain meuble, riche, propre, profond, exempt d'humidité ; sous-sol perméable, substantiel, calcaire s'il se peut; engrais très abondant ; défoncement de la terre par de nombreux labours, qui répartissent en même temps les engrais dans toute la couche de terre ; nettoiement complet du sol par une culture sarclée qui précède la luzerne ; couper avant la fleur ; dessécher le foin sans fanage.

(Schwerz, A. Young, Burger, Bonnet, Moll, Gasparin.)

ARTICLE VII.

Lupuline ou Minette dorée.

La lupuline est une sorte de luzerne qui ne dure que deux ans, comme le trèfle, avec lequel on l'associe souvent. Elle se cultive de même que lui et produit un bon fourrage, spécialement propre au pâturage des moutons.

Cette plante aime un sol calcaire ; elle supporte le froid et la sécheresse.

On sème de 15 à 18 kilogrammes de graines par hectare.

ARTICLE VIII.

Spergule.

La spergule est d'un produit très-minime. On la sème au commencement de mars ; elle pousse très-vite, de sorte qu'on peut encore la semer une deuxième fois, quelquefois une troisième.

Elle vient surtout sur les terres blanches ; partout ailleurs elle réussit mal ; dans les terres médiocres, elle ne paie pas les frais. On peut la faire pâturer ou la faucher.

La spergule sèche est égale, en valeur, au foin des prés. On pourrait l'intercaler entre deux céréales; la deuxième, loin d'en souffrir, ne pourrait qu'y gagner.

On récolte la graine sur les plantes venues les premières. Cette graine, broyée au moulin, est excellente pour les chevaux; quant à la plante, si on la met en pâture, il convient de tenir les animaux au piquet : d'abord, parce qu'ils gâteraient une trop grande quantité de fourrage; ensuite, parce que la météorisation est à craindre.

Le beurre des vaches qui en mangent est de qualité supérieure.

On sème 12 kilogrammes de graines par hectare.

Il ne convient de cultiver cette plante que dans des terrains sablonneux et maigres; dans tout autre terrain, une culture de spergule occasionnerait de la perte.

(Bussmann.)

ARTICLE IX.

Chicorée sauvage.

La chicorée sauvage est un excellent fourrage, précoce et salutaire pour tous les bestiaux.

Les terres de consistance moyenne sont celles qui lui conviennent le mieux; mais elle s'accommode à peu près de tous les terrains, pourvu qu'ils soient bien préparés et bien fumés. Elle vient encore bien là où le trèfle ne peut végéter.

On sème, au printemps, de 12 à 14 kilogrammes par hectare ; mieux vaut semer dru que clair. On n'enterre la graine que fort peu ; on l'associe quelquefois au trèfle et au sainfoin. Cette association me paraît très-mauvaise, car la chicorée se dessèche très difficilement, et elle prolonge indéfiniment les travaux de dessiccation de la plante qu'on lui a associée. Semée seule, elle se mange en vert.

Elle peut donner trois à quatre coupes par an ; ont peut aussi la faire pâturer par les moutons, qui en sont avides.

Elle dure de cinq à dix ans ; elle est très-bonne pour les porcs surtout : son usage est pour eux un puissant préservatif de maladie.

(M. Besval, Cretté de Palluel.)

ARTICLE X.

Ajonc marin.

L'ajonc, connu encore sous les noms de *vignon*, *vignot*, *gion*, *geayon*, *landes*, est cultivé comme fourrage dans quelques parties de la Bretagne et du Bas-Maine. C'est une culture précieuse dans les terrains pauvres ; peut-être serait-elle avantageuse dans tous les terrains. On le coupe par fragments, puis on l'écrase, soit avec des pilons, soit au moyen de la roue d'un pressoir, et on le donne comme fourrage aux chevaux, qui s'en montrent très-friands, et qui, par son usage, se maintiennent dans un état remarquable de vigueur et d'embonpoint. Les autres animaux paraissent également s'en accommoder. On l'emploie surtout dans l'hiver, quand les autres fourrages verts font défaut. C'est, à mon avis, un bien grand avantage que de pouvoir ainsi disposer d'un fourrage vert dans une saison où depuis long-temps les animaux ne reçoivent pour toute nourriture que du foin sec et quelques racines ; mais, en dehors de cette qualité, qui fournirait seulement une précieuse ressource pour varier la nourriture des chevaux, il paraît que l'ajonc possède, comme aliment, une valeur que l'on compare presque à celle de l'avoine. Quel que soit son mérite sous ce rapport, il est fâcheux que, dans la Normandie, on n'ait encore tenté aucune expérience à cet égard ; je ne sais même si cette plante est bien connue, excepté dans les arrondissements de Falaise et de Vire, où elle n'est employée que comme combustible.

On s'en sert pour chauffer les fours à chaux, et comme tel l'ajonc est encore d'un très-bon rapport. Un hectare de mauvais terrain bien planté en vignons peut rapporter par an, sans frais et sans aucun travail, de 80 à 100 francs. On le coupe tous les deux ans, et on en fait de petites bottes qui sont employées immédiatement. Si on différait de s'en servir, elles auraient beaucoup perdu de leur valeur.

L'ajonc se sème dans une céréale d'été ; on emploie de 25 à 30 litres de graine par hectare, et on l'enterre légèrement. C'est une plante vivace, qui peut durer une vingtaine d'années sans que son produit diminue beaucoup. Comme toutes les légumineuses, il est très-sensible aux effets du plâtre, mais on dit que le plâtrage diminue sa durée.

Il vient bien dans les terrains secs et rocailleux. Les jeunes pousses de vignon sont quelquefois détruites par les gelées d'hiver : on est alors forcé de reculer la coupe d'une année.

Comme toutes les plantes de la famille des légumineuses, l'ajonc est un bon précédent pour le blé. Il est probable également que les débris de ses feuilles et de ses tiges contribuent aussi à la belle venue de cette céréale.

IIᵉ. SUBDIVISION.

Les fourrages qui sont compris dans cette seconde subdivision, sont précieux non seulement par leurs pailles ou leurs tiges, mais aussi par leurs graines, qui sont toutes farineuses et très-nourrissantes. Le seul inconvénient qu'on puisse leur reprocher, c'est que presque tous sont assez exigeants sous le rapport du terrain dans lequel on les place, et leur culture d'ailleurs est casuelle. Nous n'allons nous occuper que des vesces de printemps et d'hiver, des pois et des féverolles.

ARTICLE 1ᵉʳ.

Vesces de printemps.

Les vesces aiment un sol lié et argileux ; les terrains légers et secs ne conviennent que dans les années humides ; elles supportent mieux que les pois les fumures fraîches, qu'on peut donner avec avantage en couverture ; mais on se gardera de donner une forte fumure si on vise à récolter des graines.

Les vesces s'accommodent fort bien de la place qu'on veut leur donner dans la rotation ; pour moi, je les mets dans la sole d'été, avec addition d'avoine ou de blé de mars ; la céréale qui suit s'accommode mieux de cette manière que si on les eût mises après la jachère.

On sème, à la fin de mai, un demi hectolitre par hectare. On recouvre légèrement à la herse. Il faut surveiller cette semence jusqu'à ce qu'elle ait germé, car les pigeons en sont friands.

Les vesces sont exposées à manquer dans les années sèches.

Un changement brusque de température, surtout le froid, pendant la fleur, est très-fâcheux, mais elles paient très-bien si le temps leur est favorable ; elles ont l'avantage d'étouffer et de détruire les mauvaises herbes, si leur végétation a été belle. On récolte lorsque les premières cosses sont mûres.

Elles paraissent égales au seigle en valeur vénale. En valeur nutritive, c'est encore une question. Moulues, elles servent à engraisser les bœufs.

175 kilogrammes de paille sèche de vesce équivalent à 100 kilogrammes de foin, et pourtant on ne l'emploie guère qu'en vert.

ARTICLE II.

Vesces d'hiver.

Dès le mois d'août, on les sème avec deux

tiers de seigle. Elles résistent assez bien à l'hiver de nos pays. Elles se contentent d'un sol inférieur en qualité à celui des autres vesces. Leur grain est presque noir ; les cosses sont d'un vert foncé avant la maturité, lisses et luisantes à l'extérieur. Ces vesces paraissent être d'une espèce différente des vesces d'été ; elles donnent un produit considérable.

Il faut les ramer avec du seigle.

Comme toutes les plantes de la famille des légumineuses, on les plâtre. La cuscute leur fait beaucoup de mal.

Les vesces d'hiver sont généralement plus productives, en fourrage et en grain, que les vesces de printemps, et, à l'époque de la maturité, leur grain s'échappe plus difficilement de la gousse.

Cette variété d'hiver doit être, en général, semée plus dru que l'autre, quoiqu'elle se ramifie davantage, parce qu'elle a plus de chances fâcheuses à courir. Après la semaille on herse en tous sens ; on roule de même en travers.

Quand on cultive les vesces pour en avoir la semence, il convient de faucher lorsque la majorité des gousses commence à se déclarer et à prendre une teinte brunâtre. Il faut profiter d'un beau temps.

Lorsqu'au contraire on cultive les vesces comme fourrage, il est avantageux de faucher à l'époque de la floraison de la majeure partie des plantes; si on doit les convertir en fourrage sec, on peut attendre qu'elles soient en partie défleuries.

Dans tous les cas, le fanage est long et difficile.

Ce grain, que les pigeons aiment beaucoup, paraît être nuisible aux canards, aux poules et aux dindes. Il convient beaucoup aux bêtes à laine, aux chevaux, aux bœufs, aux vaches laitières.

La vesce qui a mûri et qui a fourni sa semence est peu nourrissante et peu recherchée des animaux, tandis que celle qui a été coupée en fleurs est aussi appétissante qu'elle est nourrissante; on pense même qu'elle nourrirait davantage que le foin. Coupée et mangée en vert, elle favorise la sécrétion d'un lait excellent, et elle est généralement aimée des animaux.

La culture de la vesce est, comme celle de presque toutes les légumineuses, améliorante; le blé, le seigle, etc., réussissent parfaitement après elle.

Voici un mélange usité dans quelques cantons : il consiste à semer depuis le commencement de mai jusqu'au commencement de juillet, un mélange de vesces, pois, sarrasin, colza. Si on a soin de renouveler cette opération tous les huit ou dix jours, on obtiendra ainsi, à partir de la mi-août, un fourrage très-convenable pour les bœufs et autres animaux, que les travaux multipliés de cette époque ont échauffés.

On cultive quelquefois la vesce pour l'enfouir.

La graine sèche contient de 5 à 13 d'azote pour cent; sa paille 1,20. On obtient quelquefois 15 hectolitres de grain et 2,700 kilogrammes de paille par hectare.

La vesce, pour se développer, puise beaucoup dans l'atmosphère. Les chaumes et les feuilles qui tombent mettent le sol dans un meilleur état que celui où il se trouvait auparavant.

(Mathieu de Dombasle, Depère, Lullin, Pictet, Yvart, Gasparin.)

ARTICLE III.

Pois.

On cultive les pois comme fourrage. Ils sont ordinairement de couleur verte et grise. Ils sont assez difficiles sur le terrain. S'il est meuble, riche, de consistance moyenne et légèrement calcaire, les pois viendront très-bien; ils viendront encore dans des terres moins riches et beaucoup plus légères, si l'année est humide; autrement, ils pourront souffrir de la sécheresse, particulièrement à l'époque de la première pousse : aussi est-ce une bonne pratique de les fumer en couverture avec des fumiers longs, pour maintenir le sol humide. Dans aucun cas, la quantité d'engrais ne sera très forte, car ils pousseraient en tiges et leurs fleurs pourraient ne pas *nouer*, c'est-à-dire qu'il ne viendrait pas de fruits, et on ne récolterait que de la paille.

Les pois ne paraissent pas beaucoup épuiser la terre, et pourtant ils la fatiguent plus que les vesces. Quoiqu'ils ne semblent pas difficiles sur la place qu'on leur donne dans la rotation, ils végètent mal, si on les fait revenir sur le même sol avant huit à dix ans.

On défonce la terre par un labour profond donné avant l'hiver, puis vers la mi-mars et même jusqu'à la fin d'avril, on sème sous raies. Comme les pois craignent peu les gelées, il vaudra mieux semer de bonne heure. On emploie de 200 à 250 litres de semence par hectare. Il faut bien la trier et rejeter tous les grains piqués, car ils ne lèvent pas.

Quand une partie des gousses est mûre, on fauche, et, après les avoir fait sécher en retournant les andains avec précaution, on les charge sur une civière garnie d'une toile comme celle qu'on emploie pour le colza, et on les porte dans la grange, où se fait le battage.

En moyenne, on obtient de 11 à 16 hectolitres de grain, qui pèse de 80 à 88 kilogrammes, et de 1,000 à 1,500 kilogrammes de paille, excellente pour les moutons surtout; elle vaut presque autant que le foin.

La culture des pois était autrefois plus répandue qu'elle ne l'a été depuis l'introduction de la pomme de terre; mais aujourd'hui, que ce tubercule est atteint, depuis quatre à cinq ans, d'une maladie dont on ignore encore le remède, et qu'il ne donne plus que des produits minimes et dans tous les cas fort incertains, peut-être serait-il bon de revenir à cette culture, qui nettoie bien le sol et dont le rendement en grain et en paille est très-profitable.

Si on semait les pois pour les enterrer, on pourrait employer un peu plus de fumier afin de favoriser le développement des tiges. Dans ce cas, on pourrait semer en même temps un peu de seigle de printemps, afin de soutenir les tiges des pois.

Il y a une sorte de pois d'hiver qu'on sème en septembre ou octobre, et dont le produit est un peu plus considérable. On le cultive quelquefois comme fourrage simple; dans ce cas, on lui associe d'autres graines dont le prix est moins élevé. La récolte s'en fait au commencement de la fleur pour les vaches, et plus tard pour les autres animaux.

(Moll, Gasparin, Burger, A. Young.)

ARTICLE IV.

Féverolles.

Les féverolles viennent surtout dans les terres fortes, tenaces et humides ; c'est par cela même, et indépendamment de sa valeur intrinsèque, une plante précieuse, puisqu'elle s'accommode de terrains dans lesquels la pomme de terre et le trèfle végètent mal. Arthur Young disait : il est difficile de faire rendre à un sol humide, sans le secours des fèves, tout ce qu'il est susceptible de produire.

Semées en ligne dans un terrain bien préparé, binées et sarclées pendant leur végétation, les féverolles sont une excellente préparation pour le blé.

On donnera, avant l'hiver, un premier labour profond par lequel on enterre le fumier, et, au mois de mars, on sème sur nouveau labour. Si c'est à la volée, on emploie 2 hectolitres de graine ; si on sème en lignes, ce qui vaut beaucoup mieux, on en met seulement de 100 à 130 litres. Comme cette graine ne craint pas d'être enterrée, on peut la semer sous raies. Le semis en ligne se fait dans la raie ouverte, en laissant une ou deux raies vides. On pourrait aussi les semer au plantoir.

Les féverolles produiront d'autant mieux qu'elles auront été plus convenablement espacées ; ainsi, le semeur suivra la charrue et laissera tomber dans la raie cinq à six grains au plus par 33 ou 36 centimètres.

Les féverolles, comme le blé, poussent à une trmpérature de six degrés de chaleur du thermomètre centigrade.

Lorsque les plantes auront levé, on donnera un hersage ; quinze jours après, quelques personnes donnent encore un second hersage. Si on a semé en lignes, on binera avec la houe à cheval et on sarclera dans les lignes, ce qui sera réitéré une ou deux fois. Tous ces soins et ces travaux seront largement payés par le rendement.

Vers le mois de juin, on coupe avec une faucille les sommités des féverolles qui ont été plantées en lignes ; ces sommités sont ordinairement garnies de pucerons qui tombent avec les têtes et meurent avec elles.

On opère la récolte ordinairement vers le mois de septembre, lorsque les cosses commencent à noircir. Cette récolte se fait avec la faucille. On dresse les fèves en petites bottes qu'on ne lie pas, et elles finissent ainsi de mûrir ; cependant, comme cette maturité se fait attendre assez longtemps, il serait bon, si on le pouvait, de transporter cette récolte sur un autre champ, afin de labourer immédiatement pour faire le blé.

Les féverolles forment une excellente nourriture pour tous les bestiaux ; les chevaux et les moutons mangent fort bien les graines. On peut les leur donner après les avoir fait tremper ou les avoir concassées. On les fait moudre et on les donne en farine aux bêtes à cornes. On dit qu'elles favorisent la sécrétion du lait. Ce qu'on peut assurer, c'est qu'elles engraissent parfaitement tous les animaux. Leur faculté nutritive est à peu près double de celle de l'avoine ; elle est presque d'un tiers plus grande que celle de l'orge. Avec un hectolitre de fèves, qui coûte 9 francs, on peut remplacer 340 kilogrammes de foin, qui vaudraient au moins 13 francs.

Quant à la paille, les moutons s'en montrent très-avides. On la regarde comme égale en valeur à celle des pois.

En moyenne, on peut compter sur une récolte de 18 hectolitres par hectare.

On met quelquefois les féverolles dans l'avoine, en suivant la marche que je vais indiquer : vers la fin de février, on sème les fèves, et quinze jours après l'avoine, qu'on enterre par un trait de herse. La maturité de ces deux graines arrive à peu près dans le même temps; la récolte et le battage s'en font simultanément. Après le battage, on peut séparer les féverolles d'avec l'avoine ou les donner ensemble à manger aux chevaux.

Il existe une fève d'hiver qui n'est guère cultivée, quoique son produit surpasse en qualité et en quantité celui des fèves d'été; mais il lui faut un terrain d'élite, et elle trouve plus difficilement sa place dans la rotation ordinaire.

En Italie et dans certaines contrées de la France, on fait grand usage des féverolles comme culture verte à enfouir. Elles conviennent très-bien à cet usage. C'est une qualité d'autant plus à priser qu'elles viennent très-belles, même dans des terrains où d'autres plantes ne peuvent végéter.

Quand on donne en vert les fourrages dont nous venons de traiter dans cette subdivision, ils sont tous ou presque tous plus nourrissants que lorsqu'ils sont consommés à l'état sec : ainsi, 100 kilogrammes de luzerne ou de trèfle à l'état vert se réduisent à 33 kilogrammes lorsqu'ils sont secs, de sorte que 4 kilogrammes de ces fourrages verts représentent environ 90 à 94 centièmes de kilogramme de ce foin à l'état sec; et cependant il faut 1 kilogramme 50 de luzerne sèche pour remplacer, dans la ration d'un mouton, 4 kilogrammes de luzerne verte. L'explication de ce fait me paraît facile : en effet, l'eau de végétation n'est pas sans valeur, et, de plus, que la sécheresse du fourrage rend moins assimilables les principes nutritifs que lorsqu'il est à l'état vert.

Dans l'alimentation ordinaire, il arrive souvent que les résultats, soit en graisse, soit en laine, soit en lait, ne sont pas en rapport avec la quantité ni avec la qualité des fourrages donnés aux animaux : c'est qu'on en donne trop ou qu'on les donne mal préparés, trop durs quelquefois ou toujours sous une même forme, trop humectés ou trop secs; alors, les bêtes s'en fatiguent. Ces fourrages leur profiteraient bien davantage, si on leur associait un peu d'autre nourriture en tubercules, en racines, en graines quelquefois. En variant ainsi leurs aliments, on les maintiendrait mieux en appétit, et, pour peu que la nourriture fût convenablement assaisonnée, les résultats qu'on obtiendrait seraient toujours en rapport avec la valeur nutritive de leurs aliments.

(Mathieu de Dombasle, Moll, Gasparin, baron Crud.)

CHAPITRE III.

Racines et Tubercules.

Depuis l'introduction des tubercules et des racines dans la grande culture, la jachère a complètement disparu de toute exploitation bien entendue. Il faut observer pourtant que ces plantes ne pourront la remplacer, et ne formeront une bonne préparation pour les céréales que si elles sont d'une belle venue et si elles ont été cultivées en lignes. De cette manière, on peut en effet donner à la terre tous les labours, tous les sarclages dont elle a besoin : c'est ce qui a fait donner à ces plantes le nom de *plantes sarclées*. Elles doivent toutes être fortement fumées, afin de fournir de beaux produits. J'ai expliqué ailleurs comment cette fumure donnée aux racines est rationnelle, surtout quand on doit mettre de la chaux pour le blé qui les suit le plus ordinairement.

Conformément au système que je me suis fait de me renfermer dans l'agriculture pratique pour la partie nord-ouest de la France, je m'occuperai uniquement ici de la pomme de terre, du topinambour, de la betterave, de la carotte, du navet, du rutabage et du panais.

ARTICLE 1ᵉʳ.

Pommes de terre.

La pomme de terre est le premier et le plus précieux de tous les tubercules. Presque tous les terrains lui conviennent, hormis le sable pur, l'argile et les marais.

Pour la cultiver, il convient d'ameublir le sol par plusieurs labours, dont l'avant-dernier doit être plus profond que les autres. Il ne faut pas craindre de défoncer trop avant, dût-on ramener à la surface de la terre neuve.

On fume fortement les pommes de terre destinées aux bestiaux, beaucoup moins celles qui sont destinées pour la table.

On choisit pour semence les plus belles pommes de terre. Il faut avoir soin surtout qu'elles soient bien saines. Lorsqu'elles sont très grosses et que le sol est riche, on peut les couper; dans aucun cas, on ne doit mettre de trop petits tubercules, encore moins des pelures. Le produit est toujours très-minime quand on a eu recours à cette prétendue économie.

En général, 25 hectolitres par hectare sont une quantité suffisante.

Du 1er. avril au 15 mai, on plante à la charrue. Des femmes mettent des tubercules dans chaque deuxième ou troisième raie. Dans les terres pesantes, on enfonce un peu les pommes de terre sur chaque bande retournée ; dans les sols légers, on les place dans l'angle gauche de la raie. On les espace de 20 à 25 centimètres. Si on plante à la houe, on fait de même les trous en ligne, afin de favoriser les travaux ultérieurs.

Les pommes de terre s'accommodent des fumiers de tous les animaux. Celui de mouton, surtout celui d'hiver, leur convient beaucoup, quand elles sont destinées aux bestiaux ; les eaux grasses, les chiffons de laine leur profitent également. Dans quelques pays où les terrains sont lourds et froids, c'est la chaux qu'on emploie ; dans les terrains secs, les tourteaux. On pourrait aussi enterrer des herbes aquatiques vertes, des engrais pailleux, qui réussissent beaucoup mieux que les engrais riches en azote, en phosphates, en alcalis. On obtient, dit-on, de très-beaux résultats par l'usage du sel enfoui à une certaine distance des plantes, qui, sous son influence, prennent un grand développement.

J'ai vu dernièrement (juin 1849) des pommes de terre très-belles et bonnes, venues très-promptement à l'aide d'un terreau formé de feuilles d'arbres, qui avaient été enfouies encore vertes, vers le mois de septembre; ces pommes de terre, récoltées vers le 10 juin, étaient fort grosses, et, je le répète, elles étaient fort bonnes.

D'après les expériences de MM. Le Coq et Braconnot, le sol semble favoriser l'assimilation du carbone; quoi qu'il en soit, les pommes de terre venues sous son influence sont très-vigoureuses.

On fume avant la plantation, ou en plantant, ou bien encore quand les pommes de terres sont levées. Ce dernier moyen est adopté dans la Lorraine, à St.-Avold, où l'on cultive avec le plus grand succès la pomme de terre. Une fumure préalablement enfouie a l'avantage de procurer à ce tubercule une saveur plus agréable que lorsqu'elle se fait au moment de la plantation.

La pratique la plus ordinaire jusqu'ici est de fumer en plantant et de placer l'engrais auprès des tubercules. Cependant, la fumure par dessus s'accrédite de plus en plus, et, dans les étés humides, elle ne peut qu'augmenter le rendement.

Quelques jours après la plantation, si le terrain venait à s'encroûter, un hersage serait nécessaire; on herse encore lorsque la plante vient à se montrer, et l'on réitère plusieurs fois l'opération si le sol se durcit et se garnit de mauvaises herbes. Dans l'exécution de ces hersages, il ne faut pas craindre de blesser les tiges de la plante.

Lorsque les tiges auront de 25 à 30 centimètres, on donnera un premier buttage, et quinze jours après un second. Il faut éviter que la terre soit mouillée ou même humide.

Dans une terre aride et par des chaleurs très-grandes, on fera mieux de se contenter de quelques binages que de faire des buttages.

L'arrachage des fanes est très-nuisible; la suppression des fleurs est inutile.

Lorsque la fane commence à jaunir et que les tubercules se séparent facilement des racines, le moment de la récolte est arrivé. Elle se fait, pour les pommes de terre plantées en fosses séparées, à la fourche, à la pioche, à la houe, et pour celles qui sont en lignes, à la charrue.

L'ouvrier qui se sert de la fourche travaille à reculons; il secoue les plantes après les avoir soulevées, et répand les tubercules sur le sol, sur lequel on les laisse sécher quelques heures avant de les ramasser; de cette manière, onze hommes et vingt-deux femmes récolteront, ensacheront et chargeront 360 hectolitres de pommes de terre, quantité qui peut être obtenue sur un hectare. Lorsqu'elles sont en ligne, l'arrachage à la charrue est plus expéditif.

Les pommes de terre se conservent dans des caves qui ne sont pas humides et où la gelée ne pénètre pas. On a soin, par avance, de mettre de côté non seulement tous les petits tubercules, mais tous ceux qui ont été entamés par les instruments d'arrachage, et ceux qui sont malades.

Les pommes de terre, récoltées depuis peu de temps, équivalent à plus de la moitié de leur poids de foin ; plus tard, elles n'ont pas tout à-fait la même valeur. Un hectare donne de 200 à 300 hectolitres pesant chacun 75 kilogrammes, ce qui équivaut à un poids de 8,000 à 12,000 kilogrammes de foin, c'est-à-dire au rendement de 2 à 3 hectares de pré. De toutes les variétés de pommes de terre, la plus productive, et celle aussi qui fournit le plus de fécule, paraît être la *patraque jaune*.

La pomme de terre, qui jusqu'ici n'avait guère paru sujette qu'à une seule maladie (la frisolée), est, depuis plusieurs années, attaquée d'une autre maladie, qui a été presque générale dans toute l'Europe. Cette affection, dont la nature n'est pas encore absolument bien connue, diminue quelquefois de moitié, des trois quarts et de plus encore les produits. Elle semble due à la présence d'un champignon qui se propage avec une grande rapidité par ses innombrables sporules, et rien, malheureusement, ne fait présager encore la cessation de ce fléau. Serait-ce parce que nos espèces auraient trop vieilli et qu'elles auraient dégénéré? Quoi qu'il en soit, plusieurs moyens proposés et employés jusqu'ici n'ont guère produit d'autre résultat que de diminuer un peu l'infection. On a brûlé les fanes, on a transporté la culture dans des champs éloignés de ceux où le mal s'était manifesté, on a sulfaté, on a changé la semence, on a semé des graines, on a coupé les fanes de bonne heure; j'ai fait arroser les feuilles de mes pommes de terre avec de l'eau de chaux, avec une solution de sulfure de potasse, avec une dissolution de sulfate de fer (couperose verte), avec de la lessive, avec de l'urine d'homme très-ammoniacale; j'ai fait également, pendant la rosée, saupoudrer les feuilles et les tiges avec de la chaux caustique en poudre; tout a été inutile.

Les premiers symptômes de la maladie se présentent sur les feuilles; bientôt elles deviennent noires, elles se fanent, et l'infection se propage jusqu'au tubercule, qui devient molasse, aqueux, et répand une mauvaise odeur. Il se forme dans ce tubercule des taches rousses, et si on soumet à une ébullition, pendant quatre à cinq heures, une pomme de terre malade et fraîchement recueillie, la portion qui n'a pas été envahie par le champignon devient molle et farineuse comme dans une pomme de terre saine, tandis que la partie malade devient plus rousse et reste dure. On pourrait profiter de cet effet, dit M. Payen, pout séparer la portion saine de la partie malade.

J'ai remarqué, l'année dernière (1848), que les pommes de terre, qui se plaisent peu d'ordinaire à l'ombre, s'étaient conservées saines sous des poiriers. Je connais une semblable observation faite par un propriétaire de St.-Calais (Sarthe). Cette double expérience m'a porté à faire semer cette année du sarrasin et du chanvre sur une plantation de pommes de terre, sans aucune autre précaution, afin d'obtenir l'ombrage réputé salutaire; si le succès couronne mon essai, on aurait un moyen facile et peu dispendieux de soustraire le plus précieux de nos tubercules au fléau qui menace de nous en priver.

Il serait à désirer que chacun, dans son canton, fît des essais, dans le but de trouver un remède à cette désolante maladie; et, puisque la science ne peut pas mettre sur la voie d'un traitement méthodique, il faut recourir à l'empirisme. Peut-être, à force d'essais, arrivera-t-on à résoudre le problême. Le remède à employer est peut-être fort simple et facile à trouver; il ne faut donc se laisser décourager ni par l'insuccès d'un premier essai, ni par les moqueries des gens indifférents.

Quant à l'autre maladie dont j'ai parlé d'abord, *la frisolée,* il suffit, pour s'en garantir, de changer de semence.

On donne aux bestiaux les pommes de terre crues ou cuites. Crues, elles favorisent la sécrétion du lait; mais les vaches dans la nourriture desquelles elles entrent pour une part considérable, sont maigres, et le lait qu'elles donnent est très-aqueux. Cuites, les pommes de terre favorisent le développement de la graisse, en diminuant la lactation. Dans cet état, on peut en donner beaucoup, même aux chevaux, tandis que lorsqu'elles sont crues, une forte proportion deviendrait dangereuse. 165 kilogrammes de pommes de terre cuites équivalent à 100 kilogrammes de foin. On les fait cuire au four ou à la vapeur.

J'ai dit, au commencement de cet article, qu'on plante la pomme de terre du 1er. avril au 15 mai; cependant, comme depuis plusieurs années la maladie dont j'ai parlé commence à sévir vers la fin de juillet et au commencement d'août, un agriculteur prudent ne se risquera plus guère, jusqu'à nouvel ordre, à faire des pommes de terre tardives; il fera des pommes de terre précoces, qu'il plantera dès la fin de février. Grâce à cette précaution, j'ai pu récolter, l'année dernière (1848), des pommes de terre saines, et ma récolte a été aussi abondante qu'elle l'était avant cette sorte d'épidémie.

D'après de nouvelles recherches de M. Becquerel, des pommes de terre trempées pendant douze heures dans de l'eau saturée de sel marin (sel de cuisine), et semées immédiatement, ont donné une fort belle récolte, dans laquelle on n'a eu que deux ou trois litres de tubercules malades, tandis que la même quantité de pommes de terre prise dans le même tas, et auxquelles on n'avait fait subir aucune préparation, a mal végété, et n'a donné que des pommes de terre presque toutes gâtées.

J'ai planté cette année (1849) mes pommes de terre hâtives à la fin de février. J'en ai fait tremper un tiers pendant douze heures, un autre tiers pendant six heures dans de l'eau saturée de sel; le dernier tiers a été semé en terre sans aucune préparation. Je noterai soigneusement les résultats. Tout me fait espérer qu'ils seront bons, puisque j'ai obtenu l'année dernière une récolte saine de pommes de terre précoces, qui n'avaient point subi de préparation.

Ala fin d'avril, j'ai semé encore des pommes de terre ordinaires; je les ai traitées comme je viens de le dire pour les deux premiers tiers des précoces, si je réussis, ce sera une nouvelle recommandation en faveur de cette pratique.

Aujourd'hui, 15 mai, en visitant mes pommes de terre précoces, je vois qu'une moitié au moins de celles qui avaient trempé dans l'eau de sel pendant douze heures a pourri en terre. Quant au tiers qui n'avait trempé que six heures, il y a au plus un quart des tubercules pourris. Celles qui ont levé sont superbes.

La végétation maladive des pommes de terre dissout la fécule et la transforme en eau. Il faut donc se hâter de faire consommer les tubercules par les bestiaux. D'ailleurs, abstraction faite de toute maladie, plus on attend long-temps à extraire la fécule de la pomme de terre, moins on en obtient, et la différence peut aller jusqu'à 5 à 6 centièmes.

On peut donner sans inconvénient aux animaux, mais en faible quantité, les pommes de terre malades, surtout si on les associe à d'autres aliments de bonne qualité.

Il est prudent de ramasser à part les

pommes de terre gâtees ; il faut les isoler non seulement des autres, mais encore des betteraves, des carottes et des navets; car, d'après M. Payen, ces racines ont déjà éprouvé quelques atteintes du même mal dans le voisinage des champs infectés.

On a présenté récemment à l'Académie des sciences un nouveau tubercule, l'*apios tuberosa*, qui pourrait devenir très-précieux dans le cas où la pomme de terre nous manquerait totalement. Il n'est guère plus gros qu'un œuf. Sa composition chimique et sa saveur agréable le rapprochent de la pomme de terre et de l'artichaut. Il contient presque moitié plus de principes nutritifs que la pomme de terre. Il ne craint point les froids les plus rigoureux. Le seul inconvénient de sa culture, est d'avoir des tiges longues et rameuses qui ont besoin d'être soutenues.

(Schwerz, Payen, Moll, Becquerel, Jamet.)

ARTICLE II.

Topinambour.

De tous les tubercules connus, le topinambour est le plus accommodant. Quoiqu'originaire du Brésil, il résiste à toutes les gelées de nos hivers, aux grandes sécheresses de l'été, et il pousse encore dans les terrains les plus pauvres, pourvu qu'ils ne soient pas marécageux.

Sa culture est absolument la même que celle de la pomme de terre, cependant il exige moins de fumier que celle-ci.

Un des grands inconvénients de cette plante, c'est qu'elle abandonne très-difficilement le terrain dont elle a pris possession, quelque soigneuse qu'ait été la récolte. Elle vient très-bien après toutes les cultures. En Alsace, on lui fait succéder les pommes de terre, qui réussissent très-bien après elles, et dont les façons détruisent les germes et les repousses. On pourrait, comme on le fait pour la luzerne, prendre en dehors de l'assolement régulier une place pour la consacrer à ce tubercule, qui peut durer une vingtaine d'années sans travail, sans fumier, sans semence.

On peut le planter dès la fin de l'hiver, et même avant l'hiver, dans les sols secs et sablonneux. Il pourrirait dans les terrains humides.

On plante des tubercules entiers, quelque gros qu'ils soient. Ceux qui sont flétris viennent également, si on les fait tremper deux jours à l'avance dans de l'eau. Quand ils sont petits, on en met deux ou trois ensemble, dans des fosses un peu moins profondes et un peu plus espacées que celles qu'exigerait la pomme de terre.

Il faut les biner et ameublir le terrain. On les butte quelquefois.

Les topinambours lèvent souvent avant le vingtième jour de leur plantation, si la saison a été favorable. La végétation la plus active se fait au mois d'août; mais dès la fin de juin, les plantes paraissent déjà vigoureuses. La floraison se fait en octobre. Les semences ne mûrissent pas.

Les tiges ont une valeur à peu près égale à celle des tubercules. Quand on se propose de les brûler, on les laisse passer l'hiver sur pied, ce qui rend beaucoup plus abondante la récolte des tubercules. Si, au contraire, on les destine à être mangées par les vaches et par les moutons, on fera bien d'en retarder la coupe autant que possible, c'est-à-dire jusqu'à la fin de septembre. Cette coupe se fait à la hauteur de 25 ou 30 centimètres. On lie les tiges ensemble par le sommet et on les met à sécher dans le champ, à peu près comme le sarrasin; plus tard on les dépose dans des hangars bien aérés, où on les laisse jusqu'à ce qu'elles ne donnent plus de suc si on les tord.

Quant aux tubercules, on peut en commencer la récolte vers la mi-octobre et la continuer jusqu'en avril, parce qu'on n'en prend qu'à mesure des besoins. Il faut se rappeler que le grand ennemi des topinambours, c'est l'humidité.

Comme on ne peut récolter pendant la gelée, il convient d'avoir dans l'hiver une provision que l'on couvrira de paille et que l'on conservera dans des celliers secs et fermés.

Le rendement, sur un bon sol bien fumé, peut être en fanes de 10,000 kilogrammes par hectare; sur un très-mauvais sol, 3,000; en moyenne, on peut compter sur 7,500 kilogrammes de fourrage sec. Les tubercules rendront également en moyenne 250 hectolitres par hectare.

Les feuilles et menues tiges se donnent en général mélangées à des choux ou à d'autres substances; vertes ou sèches, les moutons, les vaches, les chevaux les mangent bien. Il ne faut faire attention ni à la couleur noire des feuilles, ni à une sorte de poussière ou d'excroissance blanche qu'elles présentent à la pointe.

Les tubercules conviennent à tous les animaux; ils augmentent le lait des vaches et tiennent les chevaux en bon état. Ceux-ci en consomment 10 litres par jour, les vaches 3 ou 4 litres.

Le topinambour paraît moins nourrissant que la pomme de terre.

(Yvart, Thaër, Kade, Freyer.)

ARTICLE III.

Betterave.

La betterave peut être considérée sous un double point de vue : comme propre à la nourriture des bestiaux, et comme destinée à produire du sucre. Je ne m'en occuperai guère que sous le premier.

C'est peut-être la plus convenable des racines pour l'engraissement des animaux. Elle peut, sans inconvénient, leur être donnée crue. Il en coûte peu pour la cultiver ; le produit en est supérieur à celui de toute autre racine ; elle se conserve facilement en tas, et elle est aimée de tous les bestiaux ; mais c'est une mauvaise nourriture pour les vaches laitières, en ce sens qu'elle favorise la graisse au dépens du lait : encore le lait qu'elle donne n'est-il riche qu'en *caseum*, c'est-à-dire que l'on en retirerait beaucoup plus de fromage que de beurre, qui d'ailleurs n'est pas bon. On pare à ces défauts en faisant manger en même temps des pommes de terre crues, qui ont des propriétés toutes contraires.

La betterave est attaquée par certains insectes dont il est difficile de la débarrasser, surtout quand elle revient trop souvent sur le même sol. Pour l'en garantir, on active la végétation en faisant tremper les graines pendant vingt-quatre heures dans l'eau avant de les semer, puis en les roulant dans du noir animal. Cette méthode a pourtant son mauvais côté, comme je le dirai plus tard.

On distingue deux variétés principales de betteraves : la betterave longue rose ou racine de disette, betterave champêtre ; et la betterave blanche de Silésie ou betterave à sucre.

La première croît presque hors de terre ; elle a la racine longue ; à l'extérieur elle est rose, et à l'intérieur blanche veinée de rose. La seconde est entièrement blanche et en forme de poire, elle souffre moins des gelées que la première.

Il serait difficile de dire laquelle de ces deux variétés doit être préférée, d'après les assertions contradictoires des cultivateurs allemands qui se sont livrés à cette culture. Pour ma part, je donnerais la préférence à la blanche, surtout dans les terres profondes; mais, en supposant qu'elle le mérite dans ce cas, cela n'empêchera pas un agriculteur judicieux d'adopter plutôt la betterave rose dans un terrain argileux ou peu profond, par la raison qu'elle se développe presque entièrement au-dessus du sol.

Dans le département du Nord, la betterave de Silésie est la plus répandue et passe pour être la meilleure.

La betterave supporte parfaitement la sécheresse ; elle s'accommode aussi d'une certaine humidité, pourvu qu'il fasse chaud. Elle pousse bien dans un sol de fertilité moyenne ; elle prospère même dans des sols légers et dans des sols argileux bien préparés et bien fumés. Les gelées lui font peu de tort.

On sème en place ou bien en pépinière pour repiquer. Le premier mode me semble le plus avantageux.

Quand on sème en place, si la terre est pesante et argileuse, elle a dû être labourée avant l'hiver ; au printemps, on donne un coup d'extirpateur, puis un dernier labour pour ensemencer.

Si la terre est sablonneuse et légère, le premier labour se donne au printemps, et le deuxième au moment de semer.

En cas que l'on adopte le repiquage, il faudra donner à la terre tous les labours, hersages et nettoyages nécessaires pour la débarrasser des mauvaises herbes. En général, ces travaux préparatoires seront favorisés par l'état ordinaire de l'atmosphère à cette époque de l'année, car le repiquage ne s'exécute qu'en juin.

Pour la terre dans laquelle on établit la pépinière, il faut la traiter avec autant de soin, pour le moins, que celle dans laquelle on sème à demeure. On fera même bien de s'appliquer à la rendre encore plus meuble, plus nette et plus fertile ; car le plant sera d'autant plus beau et plus rustique qu'il se sera trouvé dans des circonstances plus favorables.

De tous les engrais, celui qui paraît le mieux convenir aux betteraves, c'est le fumier des bêtes à cornes. Elles s'accommodent encore très-bien d'une récolte enfouie en vert. On peut également employer avec avantage le noir animal, le tourteau, etc. Il faut éviter d'employer des engrais qui contiendraient beaucoup de sels solubles. Dans les terres fortes, on fume en hiver ; dans les terres légères, au printemps seulement.

Si l'on doit repiquer, on enfouit le fumier par le premier ou le second labour.

On sème à la volée ou en lignes.

La première méthode offre tant d'inconvénients, qu'elle est généralement abandonnée. On sème donc en lignes espacées de 50 à 75 centimètres, et à la distance de 15 à 18 centimètres sur la ligne.

Le semis se fait ordinairement au cordeau et à la main, ou au moyen du semoir. Si on l'exécute à la main, il sera bon de mettre deux ou trois graines ensemble, dût-on, plus tard, être forcé d'éclaircir.

On recouvre la graine à la herse. Ce travail serait bien meilleur et ne serait guère plus coûteux, si l'on faisait recouvrir par des femmes armées de rateaux.

Suivant que les lignes sont plus ou moins espacées, il faudra 5 à 8 kilogrammes de graines par hectare.

On sème en place du 15 mars au 30 avril sur labour frais et aussitôt qu'on le peut. Le plus tôt est le mieux. Quelques laboureurs font préalablement tremper, comme je l'ai dit, leur graine dans du purin, afin d'en hâter la germination, qui, autrement, se fait assez lentement. Cette pratique est bonne si le sol et la température sont humides; dans le cas contraire, on risque à manquer son opération.

Il faut sarcler le jeune plant aussitôt qu'il est levé et qu'on le distingue bien; la belle venue des betteraves dépend souvent de ce premier sarclage. On emploie plus tard la houe à cheval, mais on bine à la main dans les lignes. Cette opération se renouvellera aussi souvent qu'il poussera de mauvaises herbes ou que la terre se durcira. Dès le second binage, on ne manquera pas d'éclaircir le plant quand il est trop serré.

Si l'on emploie la méthode du repiquage, on aura dû semer en pépinière plus tôt, plus épais et dans une terre soigneusement préparée, aussi riche que possible. Les binages et les sarclages auront dû s'exécuter avec une attention scrupuleuse.

Le repiquage se fait du 15 mai au 15 juin. Le plus hâtif est le meilleur : on aura une plus abondante récolte. Toutefois, il convient d'attendre que le plant soit assez fort (gros à peu près comme le doigt). S'il était plus petit et qu'il vint des sécheresses, il périrait. On choisira, autant que possible, un temps de pluie ou au moins un temps humide.

Avant de repiquer, on coupe un peu les feuilles, sans toucher en rien à celles du cœur.

On repique au plantoir ou à la charrue. Le premier moyen est le plus cher et le plus long, mais il est de beaucoup préférable à l'autre. On aura soin alors de couper l'extrémité de la racine, afin qu'elle ne puisse se recourber.

Quelques agriculteurs arrachent les feuilles de betterave dès la fin du mois d'août : c'est une mauvaise pratique, qui nuit singulièrement au développement de la racine ; d'ailleurs, ces feuilles sont d'une valeur nutritive si minime que, lors de l'arrachage, il convient de les couper et de les laisser sur place, plutôt que de les emporter pour les donner aux animaux.

Les betteraves sont mûres, quand la plupart des feuilles se fanent et jaunissent.

Au mois d'octobre, l'arrachage se fait avec une charrue, comme pour les carottes. Lorsqu'il est exécuté et que l'on a coupé les feuilles, on laisse les betteraves sur le terrain, sans les exposer au soleil. Il faut choisir, pour cette opération, un jour où la température soit aussi basse que possible, c'est-à-dire un temps froid et sombre.

Dans un terrain de fertilité moyenne, on peut compter sur une récolte de 25,000 kilogrammes.

La culture est la même quand on destine les betteraves à la production du sucre.

250 kilogrammes de betteraves blanches, ou environ 400 kilogrammes de disette, équivalent à 100 kilogrammes de foin pour la valeur nutritive.

En Amérique, on cultive beaucoup la betterave, uniquement pour la nourriture des cochons.

Si la betterave destinée à faire du sucre n'est pas récoltée en temps convenable, le principe sucré se décompose, et se trouve remplacé en plus ou moins grande partie par du nitrate de potasse. Dans les mêmes circonstances, la betterave rose doit éprouver quelque chose d'analogue, et perdre, par conséquent, beaucoup de sa valeur.

La culture des betteraves n'est pas épuisante, car le sucre qu'elles fournissent est très-pauvre en azote et en substance minérale.

(A. Young, Cretté de Palluel, Richard d'Aubigny, Schwerz, Mathieu de Dombasle, Orfila, Payen, Moll.)

ARTICLE IV.

Carottes.

Si la carotte était aussi facile à cultiver que les autres racines, elle devrait presque toujours obtenir la préférence ; mais il n'en est pas ainsi, et si quelquefois elle peut donner de beaux produits, ce n'est qu'à force de soins, de travaux et de précautions de toute espèce.

Il existe plusieurs variétés de carottes, qui se distinguent par leur forme et par leur couleur : la jaune d'Achicourt, la blanche courte, qui convient aux sols peu profonds; la blanche à collet vert, la rouge longue. Ces deux dernières croissent en partie hors de terre, et sont, par conséquent, plus propres et plus faciles à arracher. Elles peuvent également mieux convenir dans un sol peu profond. Quant à la carotte blanche des Vosges, elle s'enfonce profondément en terre ; l'arrachage en est par conséquent plus coûteux, mais elle est excellente et elle résiste à la gelée mieux que les autres variétés, M. Duval, horticulteur à Versailles, vient d'obtenir une variété de carottes demi-longues. Elle est très-hâtive et devient très-grosse. On peut la semer plus tôt, et elle se récolte assez facilement. Le rendement a été de 30 à 40,000 kilogrammes par hectare.

Le meilleur sol pour les carottes est l'argile sablonneuse. On peut encore obtenir de beaux produits dans une argile plus lourde, pourvu qu'elle ne soit pas humide et qu'elle ait été ameublie.

Contrairement aux betteraves, qui sont favorisées par une année sèche, les carottes réussissent mieux dans une année un peu humide.

Quoiqu'elles succèdent habituellement à une céréale, elles peuvent également la précéder.

On les sème depuis la mi-mars jusqu'à la fin de mai.

Le sol doit être parfaitement préparé : pour cela, on donne d'abord un labour très-profond avant l'hiver ; on étend en couverture du fumier bien consommé ; on l'enterre, au printemps, par des labours superficiels. Lorsque la terre est bien meuble, on sème la graine après l'avoir froissée avec soin entre les mains, pour la débarrasser de ses barbes. Sa faculté germinative se conserve pendant deux ou trois ans. Si la semaille se fait à la volée, on emploie de 2 1/2 à 4 kilogrammes de graines par hectare, et l'on enterre fort peu.

La culture en lignes, à 50 centimètres de distance, convient doublement : d'abord parce que la carotte vient plus belle, que les frais de sarclage sont bien diminués, que la terre est mieux nettoyée, et qu'enfin l'arrachage est plus facile.

Aussitôt que la plante est levée, et quand déjà on peut facilement l'apercevoir, il convient de la sarcler. Cette opération, longue et coûteuse, est d'une indispensable nécessité ; mais elle sera d'autant plus facile que le terrain aura été mieux purgé par avance de toute mauvaise herbe. Si la semaille s'est faite en lignes, on donne plusieurs binages à la main, et on éclaircit ; plus tard, on peut employer la houe à cheval.

Comme ces soins à donner aux carottes sont très-chers, puisqu'on n'estime pas le premier sarclage à moins de 60 francs par hectare, voici un moyen qui pourrait abréger l'opération et diminuer les frais de culture : on sème à la volée 5 kilogrammes de graines par hectare, dans des pois que l'on a préalablement enterrés par des hersages suffisants ; on recouvre la graine de carottes en traînant la herse sur le dos, et on roule.

Les pois lèvent avant les carottes, ils couvrent la terre de leurs feuillages et empêchent l'invasion des mauvaises herbes, qui poussent moins promptement; lorsque les carottes sont bien levées et qu'elles ont déjà de la force, ce qui arrive lorsque les pois sont près de fleurir, on arrache ceux-ci avec soin pour les donner aux vaches et aux moutons, puis on herse et on éclaircit.

On sème encore les carottes dans une autre récolte : au printemps, dans du lin, dont l'arrachage leur donne une culture qui leur est très-profitable; dans une céréale d'hiver, quoiqu'il y ait à craindre que cette céréale ne les étouffe. On pourrait encore semer plus tard dans du sarrasin. Dans tous ces cas, les produits seront toujours bien inférieurs à ceux que l'on eût obtenus si les carottes avaient été seules. Quand la plante protectrice (lin, blé ou sarrasin) est enlevée, on herse en long et en large; on enlève les éteules et les mauvaises herbes, et, à quelques jours d'intervalle, on donne encore plusieurs hersages.

Il paraît que les carottes venues dans une céréale se distinguent par leur bon goût.

Les carottes se récoltent à la fin de l'automne. Jusqu'à cette époque, en effet, elles acquièrent encore du développement, et aussi, dit on, de la qualité. Des agronomes distingués ont conseillé de les laisser en terre, même dans l'hiver, et de ne les récolter qu'au fur et à mesure du besoin, parce qu'elles ont peu à craindre les gelées. Cependant, un dégel suivi coup sur coup d'une nouvelle gelée pourrait les perdre. C'est surtout dans une terre légère et saine que l'on pourrait, sans danger, attendre le besoin pour arracher les carottes, en prenant la précaution de couvrir la pièce de fumier long, qui les garantirait de la gelée.

Lorsque les carottes ont été semées en ligne, on les arrache au moyen d'une charrue sans avant-train, portant en place du versoir un morceau de bois triangulaire placé entre le soc et l'étançon de devant, et figurant cette partie du versoir qui soulève la terre sans la renverser. Une charrue fortement attelée peut arracher ainsi un hectare et demi de carottes dans un jour. On choisit, s'il se peut, un beau temps pour cette récolte, afin que les racines soient propres et sèches. On doit éviter un temps chaud; et avoir soin de ne les rentrer que le matin ou le soir.

Si elles ne sont pas en lignes et que l'on veuille se servir de la charrue, il faut faire recourber le tranchant du soc, qui s'introduira en dessous des carottes et fera l'office d'un levier.

L'arrachement à la fourche peut coûter jusqu'à 120 francs par hectare.

Après que les carottes sont arrachées, on en coupe le feuillage, ainsi qu'un disque mince de la couronne ; on les laisse se ressuyer sur le terrain pendant quelques jours, puis on les serre.

Sur un hectare de terre de fertilité ordinaire, on peut obtenir en moyenne 25,000 kilogrammes de carottes qui se garderont jusqu'en avril, si on les met dans une chambre sèche et froide, en tas d'un demi-mètre de hauteur au plus, couverts avec de la paille.

Les feuilles de carottes sont peu nourrissantes ; les animaux ne les mangent pas avec plaisir, à moins qu'elles ne soient hachées.

Il semblerait résulter d'expériences faites en grand, que la faculté nutritive des carottes l'emporterait d'un cinquième environ sur celle de l'avoine ; encore faut-il observer que, données crues, elles sont loin d'avoir, sous ce rapport, la valeur qu'elles peuvent acquérir par la cuisson.

On en donne par jour 6 kilogrammes, avec autant de foin, à un cheval qui ne travaille pas.

Tous les animaux en sont très-friands ; ils les préfèrent même à toutes les autres racines. Elles conviennent surtout aux vaches laitières ; parce qu'elles communiquent au beurre un excellent goût et une belle couleur jaune. Elles sont pareillement excellentes pour les vaches malades, qu'elles rétablissent promptement, et pour leurs produits.

Je le répète néanmoins, elles ne sont d'une valeur supérieure que lorsqu'elles sont cuites, surtout quand on les donne aux moutons. L'ébullition déchire ou amollit les enveloppes qui contiennent la substance nutritive d'apparence gommeuse, qu'on nomme *dextrine*, et dont on favorise ainsi l'assimilation.

Mais le mérite de la carotte ne consiste pas seulement à bien nourrir les bestiaux, il consiste encore, et principalement, à les maintenir en appétit pour d'autres fourrages. C'est un fait dont s'aperçoivent tous les jours ceux qui font consommer des carottes par leurs vaches ou par leurs chevaux.

(Moll, Bourgeois, Biot, Mathieu de Dombasle.)

ARTICLE V.

Navet.

Le turneps, si cultivé en Angleterre et en Allemagne, est identique de tout point avec le navet cultivé en France. Si ce produit n'obtient pas chez nous la même faveur que chez nos voisins, cela tient surtout à ce que les hivers étant plus rigoureux en France, il est très difficile de le soustraire aux gelées, tandis que les Anglais laissent leurs turneps en place sans les récolter, et les livrent ainsi aux animaux qui restent dehors jour et nuit.

Quoique le bétail soit très-friand des navets, et qu'ils conviennent bien pour l'engraissement, la culture des pommes de terre, des betteraves et des carottes présente chez nous plus d'avantage.

Jamais il ne faudra semer les navets que sur une terre bien fumée, bien préparée et bien propre, ce qui signifie qu'on multipliera les labours, qu'on fumera largement, qu'on ameublira et qu'on nettoiera soigneusement la terre. Ils viennent parfaitement sur une terre écobuée.

Ordinairement, on sème à la volée 3 ou 4 kilogrammes de graines par hectare. Mieux vaut semer clair que trop dru, car il ne faut guère compter sur l'éclaircissement : il serait déjà trop tardif quand il serait devenu possible. On recouvre la semence par un trait de herse. Si on semait en lignes, on pourrait butter et la récolte s'en accommoderait parfaitement.

Avant la pousse de la troisième feuille, la puce de terre, l'altise, fait quelquefois de grands ravages dans le jeune plant. Je ne connais aucun moyen de s'en garantir, si ce n'est de bien préparer le terrain afin que la végétation soit vigoureuse et prompte. Une température chaude et humide convient aux navets : la sécheresse les empêche de pousser.

Si la terre est très-riche et le sol meuble, on peut les semer dans le courant de juillet ou au commencement d'août, après une récolte de colza, de vesces, etc. Je dois dire pourtant que cette récolte dérobée diminuera les produits de la récolte qui suivra. Les navets ainsi cultivés se sèment sur un simple labour, et se nomment *navets d'automne*.

On peut également, et avec plus d'avantage, semer sur un terrain bien préparé qui n'aurait point donné de récolte première : on sème alors dès le commencement de juin. Ces premiers navets, dits navets de jachère, se récoltent à la fin de l'été. Il semble que ceux qui ont été semés tard sont plus rustiques, ont meilleur goût et se conservent plus long-temps.

Dans certains cantons de la Bretagne, on sème les navets dans le sarrasin. Quand le grain a été moissonné, le navet, dont la végétation avait été jusque-là ralentie par l'ombre épaisse du sarrasin, profite encore ; il a moins de volume que celui qui croît à l'air libre, mais c'est toujours beaucoup que d'avoir assuré une récolte si chanceuse. Les cultivateurs de ce pays pensent qu'en ajoutant du sarrasin aux graines de navets, ils préservent ceux-ci des attaques du puceron.

Quand les jeunes plants ont cinq à six feuilles, on les herse sans craindre d'en arracher quelques pieds. On dit proverbialement que celui qui herse des navets ne doit pas regarder derrière lui.

C'est une excellente pratique que de biner plusieurs fois ceux qui ont été semés en lignes.

On estime qu'il faut 500 kilogrammes de navets pour équivaloir à 100 kilogrammes de foin.

Les navets se conservent dans des hangars, où ils sont recouverts de paille. Les sujets destinés à fournir de la graine, sont traités comme ceux de betterave; seulement il convient de prendre la semence tantôt sur des navets repiqués, tantôt sur des navets semés en place.

Les fanes sont d'une grande valeur pour la nourriture d'automne.

Il faut couper les navets avant de les donner aux animaux, pour éviter les accidents qui pourraient résulter de leur voracité.

Il existe bon nombre de variétés du navet. Dans le Calvados, on cultive pour la table surtout, le navet de Luc et le navet de Villy près Falaise. Pour les bestiaux, on cultive le gros navet à vache.

(Marshall, Watson, J. Sinclair, Burger, Thaër.)

ARTICLE VI.

Rutabaga ou Chou-rave.

Le rutabaga ou chou-rave est une espèce de chou dont la racine est charnue et renflée. Rarement on le sème en place; presque toujours on en fait une pépinière. On choisit pour cela une terre parfaitement meuble et bien amendée; on l'ensemence vers le mois de mars, et l'on transplante en mai ou au commencement de juin, afin d'obtenir une nourriture qui sera consommée avant l'hiver. Il suffit de 30 grammes de graines pour 10 mètres carrés. Le semis se fait à la volée. Dans les premiers sarclages, on enlève quelques brins, s'il s'en trouve en trop grande quantité. Les frais de repiquage sont plus que compensés par les produits qu'il procure. Un inconvénient cependant résulte de cette méthode, c'est qu'il faut arroser le plant repiqué lorsque la terre est sèche.

Le rutabaga résiste mieux aux gelées que le navet, surtout si on le butte. On peut, sans inconvénient, lui laisser passer l'hiver sur pied, mais il faut lui conserver ses feuilles. De cette manière, il se conserve beaucoup mieux qu'étant arraché, car il est alors exposé à pourrir.

Dans beaucoup de localités, on préfère les rutabagas aux carottes et même aux pommes de terre. Tous les bestiaux les recherchent, et leur valeur nutritive est préférable a celle de la betterave. 300 kilogrammes équivalent à 100 kilogrammes de foin. Ils favorisent également la formation du lait et de la graisse.

On peut aussi semer en place en mai, et récolter avant l'hiver. Si on ne sème qu'en juin, on récolte après l'hiver. Malgré le froid, les plants continuent de pousser, excepté quand la gelée est très-forte.

Les rutabagas aiment bien un sol pesant et argileux.

On sème, soit à la volée, à raison de 2 kilogrammes à 2 kilogrammes 500 grammes par hectare, soit mieux au semoir en laissant entre les lignes un intervalle de 67 centimètres (24 pouces), ce qui facilite les binages, et en ménageant entre les plants dans la ligne une distance de 28 à 40 centimètres.

Le produit est, à peu de chose près, le même que celui de la betterave.

(Arthur Young, Burger, Berthier (de Roville), De Père.)

ARTICLE VII.

Panais.

Le panais se sème dans le même temps que la carotte, et réclame à peu près les mêmes soins. Une terre riche, profonde et fraîche, est celle qui lui convient. Il ne craint point les gelées même les plus fortes. Sa valeur nutritive pour les bestiaux est considérable. Il profite beaucoup aux bœufs qu'on engraisse ainsi qu'aux cochons, aux vaches laitières et aux chevaux.

Malgré toutes ces bonnes qualités, à peine dans la Normandie et le Maine est-il cultivé, même dans le jardin potager, quoiqu'il soit très-recherché comme assaisonnement à Paris. Peut-être doit-il cette exclusion à la difficulté et à la chèreté de sa culture, à ce qu'il exige un bon terrain, et par dessus tout, à ce qu'on n'a pas l'habitude de le cultiver.

On met 5 kilogrammes de graines par hectare. Il faut avoir soin que la graine soit de l'année qui précède.

Un des grands avantages du panais, c'est qu'il n'a rien à redouter des gelées les plus fortes.

(Mathieu de Dombasle.)

Dans les chapitres des céréales, des fourrages, des tubercules et des racines, j'ai, autant que possible, donné la valeur nutritive de ces divers aliments, en prenant pour type le foin des prés ; ainsi, par exemple, j'ai dit qu'avec un hectolitre de fèves on remplace 340 kilogrammes de foin, ce qui donnerait environ trois litres de fèves comme équivalent de deux bottes de foin de 5 kilogrammes chacune. Mais ce serait se tromper étrangement que de s'imaginer qu'il serait possible de nourrir ainsi un animal, car il ne faut pas seulement à l'estomac une certaine quotité de principes nutritifs, il faut en outre qu'ils lui soient fournis sous un volume en rapport avec la capacité de l'organe. Si, à un homme d'un appétit ordinaire, on donnait un bouillon de bœuf bien succulent, un *consommé*, qui pût contenir une valeur nutritive égale à celle des aliments dont il fait usage habituellement, il s'affaiblirait bientôt et ne résisterait pas long-temps à un pareil régime.

CHAPITRE IV.

Plantes oléagineuses.

On nomme plantes oléagineuses celles qui produisent de l'huile, telles que le colza, la navette, la caméline, etc. Un des inconvénients de ces plantes, c'est qu'elles ne restituent souvent au sol qui les a produites presque rien de ce qu'elles lui ont pris. En effet, les gousses et la paille, supposé qu'elles lui fûssent rendues, seraient bien peu de chose pour en réparer l'épuisement. Voilà pourquoi la culture de ces plantes n'est guère pratiquée en grand, que dans les lieux où l'on peut se procurer des engrais du dehors; autrement elles nuiraient au bon état du sol, à moins qu'on n'eût de vastes prairies et de nombreux troupeaux. Au reste, dans les localités qui en comportent la culture, elle est généralement assez avantageuse pour que les bénéfices paient avec usure les engrais que l'on serait obligé d'acheter. Le colza est même regardé par d'habiles cultivateurs comme le meilleur moyen de rétablir les terres ruinées.

ARTICLE 1er.

Colza.

Parmi les plantes oléagineuses, le colza tient le premier rang dans nos contrées, à cause de la richesse de ses produits.

Il veut un sol riche, profond, meuble, bien nettoyé et bien fumé; il réussit encore dans des terres légères, quand elles sont bien amendées et bien préparées; il vient après toutes les récoltes, et il forme une bonne préparation pour le blé. Il réussit bien sur des défrichements et sur des terres écobuées.

On le cultive de plusieurs manières. Dans les petites terres, et dans les parties du département du Calvados où la culture n'en est qu'accessoire et exceptionnelle, on le sème à la volée et dans le champ même dans lequel il doit parcourir toutes les phases de sa végétation; mais dans la plaine de Caen, où les terres, plus fertiles et plus riches, peuvent satisfaire aux exigences d'une forte végétation, on le sème en pépinière, puis on le transplante dans une autre pièce, où il accomplit son développement.

Je ne parlerai point du semis en place qui s'exécute à la volée, parce qu'il ne mérite pas d'être recommandé ; mais il est essentiel d'exposer les détails de la culture du colza, lorsqu'il est destiné à être transplanté.

On prépare avec soin la pépinière par des labours assez nombreux pour rendre la terre bien meuble ; on fume, non avec du fumier de ferme, qui renferme toujours beaucoup d'insectes friands du colza, et en outre des graines de mauvaises herbes (à moins que ce fumier ne fût bien consommé), mais avec de la poudrette, du tourteau ou d'autres engrais analogues. La semaille se fait du 18 au 22 juillet avec de la graine qui vient d'être récoltée. Un demi-litre par arpent (50 ares) suffit ; mais on peut, sans inconvénient, semer un litre, pourvu que l'on éclaircisse aussitôt que faire se pourra, en détruisant moitié de la pépinière, de manière à conserver les plus beaux pieds et à ménager un espacement convenable, c'est-à-dire d'environ 16 centimètres en tous sens. La semaille en lignes serait avantageuse, parce qu'elle faciliterait le sarclage. Il sera bon de faire le semis dans une terre de qualité un peu inférieure à celle dans laquelle on fera la transplantation : le colza souffrira moins de cette opération.

Le terrain destiné à la pépinière doit être du tiers environ de celui qui sera définitivement planté. On comprend assez, d'après ce que je viens de dire, que l'on doit s'efforcer d'obtenir le plant aussi gros que possible.

Vers la fin de septembre, on lèvera ce plant, s'il est beau; autrement, on le laisse quelque temps encore. La levée se fait deux ou trois jours avant la transplantation, et on met le colza en paquets, attachés avec un lien de paille, comme les choux, pour le faire un peu faner, ce qui le rend plus maniable. S'il est haut et fluet dans la pépinière, il y aurait avantage à le faucher plutôt que de l'arracher, sans quoi il n'aurait jamais qu'une tige grêle, qui se ramifierait peu, et serait exposée à être renversée par les pluies et les vents : la reprise sera aussi sûre que par la levée. Chaque année on en plante de cette manière, et sa belle venue prouve en faveur du procédé. Cependant, le fauchage n'est applicable que dans le cas qui vient d'être indiqué. Le gros plant serait trop court pour le permettre.

La terre sur laquelle s'opère la transplantation doit avoir été préparée, comme celle de la pépinière, par des labours qui l'aient bien ameublie, et par une fumure qui ne favorise ni les insectes ni les mauvaises herbes, du tourteau surtout. Le dernier labour doit être profond et la terre doit être émiettée. On regarde, en Allemagne, comme essentiel de pouvoir mettre le fumier bien avant la semaille : dans la plaine de Caen, on le met au dernier labour.

Il ne faut planter que de deux en deux raies, de manière à laisser entre les lignes un intervalle de 67 centimètres environ. Sur la ligne, l'écartement sera de 33 centimètres ou à peu près. L'opération se continue ensuite de deux manières différentes, suivant que l'on couche le colza au moment du dernier labour, ou qu'on le repique au plantoir. Occupons-nous d'abord du couchage.

Comme la terre est bien meuble, la charrue va vite; il faut alors au moins trois femmes pour la servir, savoir deux planteuses, et une serveuse qui approchera les paquets précédemment disséminés sur la pièce, les déliera et les distribuera. La planteuse tenant un paquet de colza sur l'avant-bras gauche, se penche un peu, afin de laisser tomber de moins haut le pied de colza qu'elle tient de la main droite, et de lui donner une position convenable le long de la raie. Il faut que la plante soit placée de manière que la racine se trouve bien recouverte par le nouveau trait de charrue, sans que le cœur soit enfoui. Une quatrième personne peut être occupée à répandre l'engrais pulvérulent sur les pieds qui viennent d'être placés, en le semant tout le long de la raie, à raison de 25 hectolitres par hectare. On pourrait aussi le mettre par poignée sur chaque pied.

Le repiquage au plantoir, qui gagne chaque année des partisans et qui semble offrir des avantages incontestables, peut se faire en même temps que le dernier labour ou postérieurement. Des femmes jettent de place en place, à la distance convenable, les pieds de colza; les hommes munis chacun d'un petit plantoir recourbé, garni de fer à la partie inférieure, font un trou dans lequel ils mettent de la main gauche le pied de colza qui se trouve là, et ils referment le trou par un coup de plantoir donné sur le bord. L'opération marche avec une célérité incroyable. On plante en ligne droite, en se réglant sur la raie ou sur la ligne tracée par un rayonneur qui quelquefois est attaché à la charrue.

Cette méthode a été recommandée surtout par M. Le Barillier, agronome distingué, qui l'a pratiquée avec grand succès sur sa terre de Lébisey près Caen, et qui a beaucoup contribué à la propager. Dans un fort bon article qu'il lui a consacré, et dont je ne puis me dispenser de reproduire ici les passages essentiels, il attribue au repiquage les avantages suivants : « 1°. le plant enterré jusqu'au collet redoute moins l'hiver; 2e. la tige placée verticalement livre un passage plus libre à la sève ; 3°. le binage et le buttage entre les lignes s'opèrent plus profondément, puisqu'on ne craint pas d'offenser le chevelu ; 4°. la tige moins élevée résiste mieux aux vents. »

Quant aux soins qui doivent accompagner et suivre l'opération, nous ne pouvons encore mieux faire que de rappeler les conseils et les expériences de M. Le Barillier. « Le plant doit être piqué de deux raies en deux raies, de manière à laisser entre les lignes un intervalle de 50 à 60 centimètres, et de 20 à 25 entre chaque plant sur la ligne. Dès le mois de janvier, si la saison le permet, par un temps sec, autant que possible, surtout dans les terres fortes et argileuses, on donne un premier binage avec la houe à cheval, pour unir et ameublir le sol, et détruire les plantes parasites. Au mois de mars, quand la tige a atteint la hauteur de 40 à 50 centimètres, il faut donner un second binage, ou, si le collet de la plante est élevé au-dessus du sol, un buttage avec la charrue à double versoir. Ce travail raffermit les tiges et recouvre les plantes parasites qui, placées sur les lignes, auraient échappé à l'action de la houe à cheval. Cependant, il ne doit pas être trop profond, dans la crainte de détruire les radicelles de la plante, qui prennent une grande extension à cette époque. Le colza végète dès-lors avec tant de vigueur, que bientôt il couvre complètement la terre et étouffe ce qui aurait échappé aux instruments. Il serait bon de terminer en passant le ratissoir à main entre les plantes : c'est un soin peu dispendieux, que ne manqueront pas de prendre les cultivateurs intelligents, qui savent le prix d'une terre et d'une récolte purgées de mauvaises herbes. Si la fumure n'a pas été suffisante lors de la plantation, on peut répandre à la volée, avant le premier binage, du tourteau ou un autre engrais pulvérulent, dont l'effet est aussi excellent que prompt. Un homme aidé d'un petit domestique qui conduit le cheval, peut biner de 1 hectare à 1,50 de colza dans une journée, suivant l'écartement des lignes. Quoiqu'il y ait moins de plantes que dans la culture à toutes raies, le produit est beaucoup plus considérable, comme on peut le voir par le tableau suivant du produit comparé des deux méthodes, pendant cinq années consécutives, sur 60 ares de terrain dans les mêmes conditions :

	Colza à toutes raies non sarclé.		Colza à deux raies biné.	
années.	hectol.	cent	hectol.	cent.
1839	14	50	24	»
1840	8	75	13	25
1841	15	»	20	50
1842	16	50	22	»
1843	13	»	17	»
	67	75	96	75

La différence est, comme on l'aperçoit, de près d'un tiers en faveur du colza biné, ce dont il est facile de se rendre raison : 1°. l'engrais n'est pas usurpé par les mauvaises herbes ; 2°. les plants moins nombreux ont une nourriture plus abondante, et une place plus grande pour leurs racines et leurs tiges; 3°. l'ameublissement du sol entretient une humidité favorable; 4°. le plant étant plus vigoureux donne une graine plus grosse ; 5°. les tiges se soutiennent mieux ; 6°. la récolte n'étant pas embarrassée d'herbes ni de plantes grimpantes, se fait presque sans égrenage. Outre le bénéfice dans le produit, il y a d'ailleurs économie dans les frais de plantation, dans la proportion de 100 à 72,50 : différence 27,50 en faveur du colza biné, ce qui est important sur une grande exploitation. Il faut ajouter encore l'avantage de purger la terre des mauvaises herbes, d'obtenir ensuite une récolte de blé plus nette et plus abondante, et de moins épuiser le sol, puisque l'intervalle des lignes est pour ainsi dire en jachère, et reçoit deux airures au printemps. »

Telle est la manière d'opérer aujourd'hui dans la plaine de Caen. Dans l'une et l'autre méthode, on transplante le colza d'une pépinière dans le champ où il doit accomplir ensuite sa végétation; mais la transplantation n'a d'autre avantage que de ne pas faire occuper trop long-temps le sol par cette plante, car l'expérience paraît avoir démontré que les colzas semés à demeure, à des distances convenables pour permettre des binages, donnent des produits plus beaux.

Le colza se coupe dans les derniers jours de juin, lorsqu'en général les siliques ont pris la couleur jaune-paille. Il faut bien se garder d'attendre qu'elles aient la couleur blanche, sans quoi elles s'égréneraient. C'est aussi pour prévenir l'égrenage que l'on se sert de la faucille sans dents. On met les plantes en petites javelles de quatre à cinq brins, sur la crête ou ados formé par le buttage, de manière à empêcher le plus possible le contact des siliques avec le sol; on les laisse ainsi huit à dix jours, pour achever la maturité, après quoi on procède au battage sur une toile étendue dans le champ. On se sert, pour faire l'approche des javelles, d'une grande civière construite en bois léger et garnie d'une toile. Les plus grosses parties des siliques sont enlevées avec des râteaux après le battage; la graine est laissée avec le reste jusqu'à ce qu'on la crible pour la livrer au commerce, ce qui peut se faire au bout d'une vingtaine de jours. Si on diffère de quelques jours la livraison, il y a diminution d'un dixième environ dans le produit. Dans l'un et l'autre cas, on la remue journellement. Le rendement, si le colza est beau, est de 40 hectolitres par hectare ; s'il est médiocre, il n'est que de moitié. Le prix varie de 9 à 12 francs, quelquefois davantage, par demi-hectolitre (1).

Voici un moyen que l'on a vanté comme très profitable pour récolter le colza et obtenir la graine. S'il réussit comme l'assure l'auteur de l'article, il serait également économique : « Lorsque les premières siliques commencent à éclater, que les autres jaunissent, que la graine est violette, on mène dans la pièce un charriot garni au fond et sur les côtés à la hauteur de 50 centimètres de planches bien jointes. Le charriot suit les femmes qui coupent les plantes, et qui les donnent immédiatement au charretier. Celui-ci place les siliques en bas et les tiges en dehors. On décharge les plantes dans la grange, et on les tasse les unes sur les autres comme des gerbes de blé. On les laisse ainsi deux ou trois jours. L'humidité et la chaleur déterminent une légère fermentation qui achève la maturation des graines, les gonfle et leur donne une belle couleur noire ou pourpre foncé. Au bout

---

(1) Quatre hectolitres et demi donnent un hectolitre d'huile, et environ 135 kilogrammes de tourteaux.

de ce temps, il suffit d'écarter le colza et de le secouer avec des fourches pour que la graine tombe sur l'aire de la grange, sans qu'il soit nécessaire de la battre autrement. » Je n'ai point employé ce moyen, et je ne sache pas qu'aucun cultivateur l'ait mis en pratique dans nos contrées; j'ai cru cependant qu'il était bon de le faire connaître, mais sans en garantir en aucune manière le succès.

ARTICLE II.

Navette.

On distingue deux espèces de navette, celle d'hiver et celle d'été. Toutes deux sont beaucoup moins exigeantes que le colza sous le rapport du terrain. Elles viennent bien dans un sol léger et calcaire.

On peut semer la navette dès le moment où on n'a plus de gelées à craindre.

C'est une culture très-casuelle, et ce serait trop risquer que de lui assigner un sol riche et fertile, qui pourra toujours être utilisé d'une manière plus profitable. On peut cependant la mettre dans la jachère, à laquelle elle n'empêche pas de donner toutes les façons, pourvu qu'on la sème en lignes et à distance. On met 3 1/2 à 4 kilogrammes de graines par hectare.

En moyenne, le rendement ne dépasse guère 12 hectolitres pour la même étendue de terrain.

La navette d'hiver se sème toujours à la volée et à demeure. On emploie de 2 à 3 kilogrammes de semences par hectare.

On la sème depuis le mois de juillet jusqu'au mois de septembre inclusivement, quelquefois même on la met en terre dès le mois de juin avec le sarrasin. A l'automne ou vers la fin de février, on éclaircit, ce qui peut se faire, comme le conseille Mathieu de Dombasle, au moyen de l'extirpateur.

La récolte se fait en juin ou en juillet. On traite la navette comme le colza.

La navette d'hiver donne en moyenne 15 hectolitres par hectare.

La graine de navette donne un dixième de moins d'huile que celle de colza.

Cette plante redoute, comme le colza, l'altise bleue; elle craint aussi les oiseaux, qui sont très-friands de sa graine.

ARTICLE III.

Caméline et Moutarde blanche.

La caméline est une plante oléagineuse qui occupe le terrain pendant fort peu de temps. Elle se cultive comme la moutarde blanche à laquelle on l'associe fréquemment.

Elles se contentent l'une et l'autre d'un sol médiocre, pourvu qu'il soit profond. Aucun insecte ne les attaque.

On les sème au mois de mai à la volée. La quantité de semences est de 15 à 20 litres pour la moutarde, et de 10 litres pour la caméline. Si on les associe, on diminuera proportionnellement la quantité de chacune, et on obtiendra en totalité une récolte plus considérable que si on avait semé chacune à part.

La moutarde donne une grande quantité d'huile : 36 à 38 pour cent, aussi bonne au moins que celle de colza, et le produit en graines est plus considérable. Le rendement de la caméline est d'environ 15 hectolitres par hectare.

L'huile qu'on obtient de ces deux plantes est fort bonne à brûler.

La récolte se fait dès que les capsules commencent à jaunir.

CHAPITRE V.

Plantes textiles.

Quoique les plantes textiles, dont j'ai à m'occuper ici, fournissent des graines dont on extrait de l'huile très-employée dans les arts et dans l'économie domestique, j'ai cru convenable cependant de ne pas les confondre avec les autres plantes oléagineuses, et de leur consacrer un chapitre à part; c'est qu'en effet le but spécial qu'on se propose surtout en les cultivant, est d'obtenir de la filasse, plutôt encore que de recueillir de l'huile.

ARTICLE 1er.

Lin.

Le lin est une plante qu'on cultive pour sa filasse, et pour sa graine dont on extrait une huile très-employée dans les arts.

Il exige un sol riche en fertilité ancienne, aussi aime-t-il beaucoup les défrichements de bois, de pâturages, et en général toutes les bonnes terres franches.

Cette plante ne peut être semée longtemps dans les terres d'une exploitation quelconque, en France du moins, sans qu'elle dégénère, et se modifie d'une manière très-marquée, aussi en existe-t-il quantité de variétés, dont la description ou la nomenclature seraient absolument inutiles pour le cultivateur, seulement nous devons appeler l'attention sur deux variétés dites l'une *lin d'hiver*, l'autre *lin d'été*. Dans le commerce, on fait une grande différence entre la filasse de l'un ou de l'autre. Le lin d'hiver est plus profitable sous le rapport de la qualité oléagineuse des graines; il mûrit plus tôt; il s'accommode de terrains moins riches, mais la filasse est inférieure à celle du lin d'été.

La place qu'occupe le lin dans l'assolement est ordinairement après une culture sarclée, surtout après les pommes de terre.

Dans le Maine, on donne un premier labour aussitôt que la récolte précédente est enlevée; au mois d'octobre on en donne un second, par lequel on enterre le fumier; vers le mois de février, on donne un nouveau labour, quelquefois même deux en les croisant. Toutes ces façons que reçoit la terre sont précédées et suivies de hersages et de travaux à la main, pour l'ameublir complètement.

D'autres fois on se contente d'un labour

avant l'hiver, et on donne un coup d'extirpateur avant de semer.

Dans quelques localités, le lin succède au chanvre, alors on ne le fume pas, mais on donne au chanvre qui le précède une fumure très-forte, plus forte même que pour le blé, et l'on se borne à ajouter pour le lin quelques engrais pulvérulents, tels que poudrette, noir animal, charrée, cendres, etc.

Les Flamands, qui cultivent fort avantageusement le lin, se servent d'un engrais liquide qu'ils nomment *purin* : c'est du tourteau délayé dans de l'urine; on laisse fermenter ce mélange, puis on y verse une certaine quantité d'eau et l'on arrose.

On sème les lins d'hiver dans les premiers jours d'automne. Ils ont moins à craindre les gelées. Les lins d'été se sèment en avril et mai. On a à redouter d'un côté les gelées, de l'autre la sécheresse; dans tous les cas, il faut pour les uns et pour les autres s'efforcer d'obtenir une première pousse vigoureuse.

La bonne qualité de la graine se reconnaît à la grosseur, à la pesanteur et au luisant. Elle doit avoir la couleur café au lait. Autant que possible, on emploiera de la graine fraîche et de la récolte précédente. Pour obtenir de belle graine, il faut semer clair et laisser mûrir parfaitement. La cause principale de la détérioration de la semence vient de ce qu'on ne la laisse pas suffisamment mûrir sur pied. On hâte en général la récolte, parce que vers l'époque de la maturité la filasse perd chaque jour de sa finesse; elle est encore bonne, mais plus grossière. Il faut sans doute attribuer à un système différent, suivi dans d'autres pays, la supériorité de leurs semences. Personne n'ignore combien la graine de Riga, par exemple, l'emporte sur celle que nous récoltons en France. Tout porte à croire que cette supériorité est due surtout à la précaution de la laisser parfaitement mûrir.

Les semailles se font à la volée sur un hersage ou un roulage, et l'on recouvre à la herse. Si l'on cultive le lin pour obtenir de belles semences, on met 100 kilogrammes, si c'est dans le but d'obtenir de la filasse, on en sème de 175 à 200 kilogrammes par hectare, quelquefois davantage encore pour avoir de belle filasse.

Cette culture du lin exige, comme on le voit, beaucoup de travaux, encore n'ai je pas insisté suffisamment peut-être sur tous ceux qu'elle réclame, et principalement sur les travaux faits à la main. Lorsque la plante est levée, des sarclages plusieurs fois répétés sont encore presque toujours indispensables; ils expliquent suffisamment pourquoi elle est presque partout abandonnée à la petite culture. Ces sarclages se font quand la plante a de deux à quatre pouces ; les ouvrières qui les exécutent ont les pieds nus; quelquefois encore elles se couchent sur une sorte de banc, afin de ne pas endommager les jeunes plants.

Si on cultive le lin pour la filasse, on fait la récolte quand les feuilles commencent à jaunir, et même un peu plus tôt si on veut avoir de très-belle filasse. On l'arrache par poignées et on l'étend sur le sol, puis pour le faire sécher, on réunit trois poignées ensemble au moyen d'un lien et on les dresse sur le sillon. Quand le lin est sec, on ôte la graine en frappant la tête sur le rebords d'un tonneau, ou bien en frappant dessus avec un battoir.

Lorsqu'on a bien enlevé toutes les graines, alors on le lie en bottes, et on le porte à la rivière ou dans des routoirs, afin de le débarrasser d'une matière particulière qui unit la filasse au ligneux proprement dit.

ARTICLE II.

Chanvre.

Le chanvre est encore une plante que l'on cultive à la fois pour sa filasse et pour ses graines qui produisent de l'huile. Cette culture, comme celle du lin, est toujours chère, tant à cause des travaux qu'elle nécessite, qu'à cause de son exigence pour le terrain ; en effet, il faut pour le chanvre un sol profond, meuble et surtout riche ; il exige beaucoup de fumier ; on ne peut jamais lui en donner trop : il ne convient donc guère à la grande culture, excepté dans les pays où il vient très-bien et où la main-d'œuvre est à bon marché. Le climat et les terres de la Bretagne et de l'Alsace paraissent lui convenir beaucoup ; là, il peut revenir chaque année sur le même terrain, pourvu toutefois qu'on ne lui épargne pas l'engrais.

Le chanvre s'accommode bien d'un fumier peu consommé. On peut se servir avec avantage de compôts faits avec de vieux gazons, des curures de fossés, de la chaux, etc. Souvent on donne plusieurs labours avant l'hiver pour préparer le sol, le rendre meuble et profond. Dans certaines localités, on fait des planches de deux mètres de largeur, séparées par un sillon profond ; ailleurs on fait de petits sillons ; ici on enterre le fumier avant l'hiver, là on ne l'enterre qu'au labour de semailles. Quel que soit, au reste, le nombre de labours qu'on croie devoir donner, il convient toujours que de nombreuses façons à la herse et à la main, avec des houes, aient bien ameubli le sol et l'aient rendu perméable à une grande profondeur.

Il y a plusieurs variétés de chanvre. Dans le Maine, on se sert beaucoup de la semence venue d'Angers; ailleurs, on sème le chanvre du Piémont. Cette dernière espèce, qui donne une aussi belle filasse que le chanvre ordinaire, a sur lui l'avantage de se contenter d'un terrain moins bon, et le rendement en est plus considérable.

On sème le chanvre aussitôt que l'on n'a plus de gelées à craindre, et, néanmoins, pas plus tard qu'à l'Ascension, c'est là l'époque sacramentelle dans le Maine. Comme le sarrasin, le chanvre se sème dans la poussière, mais, au bout de quelques jours, il s'accommode fort bien d'une pluie qui ne soit pas assez forte pour tasser la surface du terrain.

La quantité de semences varie suivant qu'on veut avoir une filasse plus belle, ou des graines de qualité supérieure. Pour avoir une belle filasse, on sème par hectare 3, 4, 5 et jusqu'à 6 hectolitres; la semaille doit être moins épaisse quand on n'a en vue que la graine. On recouvre à la herse et l'on répand en couverture, après la semaille, une partie du fumier qu'on lui destinait; on pourrait encore la recouvrir avec des chennevottes, de la paille hachée, etc., de manière à garantir les jeunes pousses des attaques des moineaux, qui en sont très-friands.

Si l'on n'a pas semé très dru, il convient

d'opérer des sarclages ; dans le cas contraire, ils deviennent inutiles.

Le chanvre mâle est mûr lorsque les sommités (la tête) jaunissent. En Bretagne, on l'arrache vers la fin de juillet ; le chanvre femelle sera ordinairement mûr six semaines après. On l'arrache quand les feuilles jaunissent et tombent au pied. On le lie en petites bottes que l'on dresse en faisceaux. Le mâle reste trois ou quatre jours exposé au soleil ; la femelle y restera quelques jours de plus. On en obtient la graine en le frappant sur un banc ou sur une barrique, d'autres le frappent avec un battoir. Ensuite, les graines garnies de leur enveloppe et mêlées avec les feuilles, sont exposées au soleil puis vannées comme le blé. On les met au grenier ; on les étend par couches minces, et on les remue de crainte qu'elles ne s'échauffent. Après l'opération du battage, on porte le chanvre, lié par bottes, à la rivière ou dans le routoir (voir *Travaux à faire pendant le mois d'août.)*

Si l'on désirait obtenir de belle graine, on en sèmerait de distance en distance, dans les champs de pomme de terre, par exemple ; de cette manière, chaque pied pouvant s'étendre, produit beaucoup de graines d'une très-belle qualité. (Moll.)

APPENDICE.

ARTICLE I.
De quelques Instruments aratoires
ET DES TRAVAUX AGRICOLES.

§ 1. *Charrue.*

Parmi les instruments employés dans les travaux de la campagne, le plus important est la charrue. Il est trop connu pour que j'en donne la description; mais je crois utile de noter que le soc, qui forme un triangle, doit avoir de 26 à 38 centimètres de largeur et montrer beaucoup de couteau, c'est-à-dire, dépasser de beaucoup le versoir. On lui donne une légère inclinaison vers la terre.

La charrue normande, dont on se sert dans une partie du Calvados et de l'Orne, est assez bonne; malheureusement, on voit encore les versoirs en bois se soutenir auprès des versoirs en fer, qui exigent un moindre tirage, et qui font un meilleur labour. Un autre inconvénient, qui absorbe également sans profit une partie de la force, c'est qu'en général la chaîne de tirage est mal placée. Le point d'attache devrait être sous la haye, la chaîne passerait sous l'essieu, et au lieu de se relever brusquement pour faire une ligne droite jusqu'au collier des chevaux, elle serait maintenue par un régulateur placé vers l'extrémité de la haye. Ce régulateur terminé en bas par un anneau dans lequel passe la chaîne, est baissé ou haussé plus ou moins, de manière que les traits, vus du collier du cheval, paraissent faire une ligne droite correspondant à la partie moyenne du soc. C'est ainsi que sont construites les meilleures charrues ; entre autres celles que confectionne M. Rosé. Disposée de cette manière, la charrue exige un moindre tirage, car la puissance s'exerce dans le sens de la résistance. D'un autre côté, les roues, légèrement soulevées par la force de traction, n'exercent aucune pression sur le sol. Ce n'est pas le seul moyen qu'on ait d'obtenir la résultante des résistances, on l'obtient encore en changeant la cheville qui lie l'age à l'avant-train. On se sert encore de divers moyens mécaniques pour élever l'age.

Dans le Maine, on se sert d'une charrue détestable. Le soc, qui ne coupe pas, est comme un fer de lance; le versoir ou épaule consiste en une longue planche qui presse fortement la terre à droite, de sorte que le laboureur se voit forcé de pencher sa charrue à gauche. Ce frottement, continué si long-temps, outre qu'il fait un très-mauvais travail, nécessite encore un tirage extraordinaire; aussi, n'est-il pas rare de voir six bœufs et deux ou trois chevaux attelés à une charrue; encore, pour terminer un travail si coûteux et pourtant si mal fait, est-on forcé de l'achever à force de bras, ce qui en accroît la dépense, car 60 ares de terre travaillée à bras, reviennent, en moyenne à 80 fr.

Les deux principales conditions d'une bonne charrue, sont : 1°. de faire un bon labour, c'est-à-dire de couper nettement la bande de terre horizontalement et verticalement, de la bien retourner sans la presser, et de laisser la raie propre; 2°. d'exiger pour ce travail le moindre tirage possible. Les pièces qui la composent doivent être d'un poids qui n'ait rien d'exagéré; il résulte d'expériences précises, qu'une charge trop pesante exige un tirage plus fort.

L'addition des roues à la charrue est évidemment une cause de ralentissement dans la marche. Elles ajoutent au tirage toute la résistance qui provient de leur pression contre le sol, et si les araires (charrue sans rouelles) étaient aussi maniables, s'ils n'exigeaient point plus d'attention et d'adresse de la part du laboureur, s'ils pouvaient toujours et partout remplacer les charrues à roues, je ne doute pas qu'ils ne fussent généralement employés. Au reste, en modifiant la charrue ordinaire comme je l'ai indiqué, on obtiendrait à peu près les avantages de l'araire sans en avoir les inconvénients.

Les labours seront plus ou moins profonds, selon les besoins.

Après une céréale, on donne souvent un premier labour (déchaumage) tout superficiel ; on se contente même quelquefois, pour abréger le travail, de retourner à droite et à gauche une bande de gazon qui se renverse à plat sur une autre tranche de terre placée au milieu, et qui n'a pas été remuée. Il vaut certainement beaucoup mieux retourner toutes les parties du sol pour favoriser la germination des mauvaises herbes. Le second labour est toujours le plus profond (17 à 20 centimètres), à moins qu'on ne juge convenable de ne donner que deux labours ; le troisième l'est moins (14 à 16 centimètres). Au premier labour, on prend un bande de terre plus large, au dernier, on la prend plus étroite.

On peut distinguer les labours en trois classes : 1°. labours proprement dits ; 2°. binages ; 3°. labours de défoncement. Le labour est une opération mécanique qui a pour objet d'exposer une couche plus ou moins épaisse du sol à l'influence des agents producteurs, des agents atmosphériques surtout, pour en augmenter la force de production. Le binage a principalement pour but de détruire les plantes adventices, et d'empêcher la surface du sol de se durcir; il sert encore à augmenter la propriété absorbante du sol, et par conséquent sa force productive : il est presque toujours superficiel. Le défoncement a plus de profondeur que le labour ordinaire, et exige ordinairement deux opérations mécaniques dans le même sillon. Il sert spécialement à la plantation des grands végétaux, et, dans la culture ordinaire, il augmente la production.

Le labour est d'autant plus parfait qu'il expose une plus grande surface aux météores et aux gaz, et leur rend la terre plus perméable. Il ramène à la surface une terre neuve, non épuisée, qui, se saturant des agents de fertilisation, devient propre à la production. Il détruit les végétaux qui se nourrissent aux dépens de ceux que nous cultivons. Si le sol est couvert de plantes parasites, cette opération les enfouit, et fournit un engrais par leur décomposition.

L'état du sol le plus convenable pour le labourer, est l'état mitoyen entre la sécheresse, qui le réduit en poussière ou en mottes dures comme la pierre, et l'état d'humidité, qui le gâche. Les terres sablonneuses peuvent être travaillées presqu'immédiatement après la pluie. Les terres fraîchement labourées se laissent plus facilement pénétrer par l'eau ; elles ont moins à craindre de la sécheresse. Les labours d'automne sont en général les plus avantageux. Les labours pour les semailles d'automne doivent se faire de très-bonne heure pour les terres fortes, et plus tard pour les terres légères. Il en est de même pour les semailles elles-mêmes.

Il ne faut jamais attendre pour biner que les plantes adventices aient formé des semences, car elles se reproduiraient. Le moment le plus favorable pour biner un sol durci par la chaleur, s'offre peu de temps après une pluie qui aurait pénétré la couche dans laquelle doit se faire l'opération, aussitôt que la terre est suffisamment ressuyée. Lorsqu'une chaleur forte succède immédiatement à un temps très humide, la terre où le sable ne domine pas se fend presque toujours, et alors les racines des plantes se déchirent. Le remède se trouve dans un binage dès que cette grande chaleur paraît, si l'écartement des plantes le permet.

Les défoncements sont le dernier degré

des cultures perfectionnées. Les bons effets en sont nombreux : ils augmentent la faculté absorbante du sol ; ils donnent un plus libre accès aux racines ; ils diminuent les conséquences souvent désastreuses d'une humidité surabondante, aussi bien que ceux d'une excessive sécheresse. Ils détruisent surtout les mauvaises plantes dont les racines s'enfoncent profondément. A quantité égale d'engrais, les récoltes sont en raison de la profondeur des labours, et il est plus économique d'approfondir les labours que d'augmenter les engrais. Un préjugé, presque partout répandu, s'oppose à ce qu'on donne à la charrue toute l'enture qu'elle pourrait avoir, dans la crainte de ramener à la surface de nouvelle terre qui n'a jamais bénéficié ni des engrais, ni du soleil, ni des accidents atmosphériques. Dans beaucoup de circonstances (*voyez* sol et sous-sol), on obtiendrait cependant un grand bénéfice de cette pratique. En effet, si l'année est très-humide et que la terre n'ait été remuée qu'à 11 ou 16 centimètres, bientôt cette profondeur de terre se trouvera gorgée d'eau, la plante souffrira et jaunira, elle mourra quelquefois. Si, au contraire, l'année est très-sèche, bientôt cette masse de terre de 11 à 16 centimètres perd son humidité, elle se fendille, les racines se déchirent, la plante s'amaigrit et finit sinon par périr, du moins par ne recevoir pour son alimentation que des sucs très-insuffisants. Si, au contraire, on avait défoncé à la profondeur de 28 à 33 centimètres, dans l'un et l'autre cas, la végétation aurait continué de s'effectuer convenablement et la plante aurait donné de beaux produits, comme dans une année ordinaire.

Les labours profonds dessèchent les terrains mouillés, et ils rafraîchissent les terres sablonneuses. Les jardiniers le disent souvent : les défoncements d'hiver épargnent les arrosements d'été. Voici un exemple cité par un auteur fort recommandable et très-véridique, M. Jamet, de Château-Gonthier. Un propriétaire fit planter des choux poitevins dans une pièce d'un hectare, dont la moitié fut défoncée, à ses frais, à 67 centimètres de profondeur ; le fermier laboura l'autre côté comme à l'ordinaire ; et il y enterra dix bonnes charretées de fumier; la moitié de la partie défoncée par le propriétaire, reçut une égale fumure, c'est-à-dire cinq charretées, il ne fut donné aucun engrais à l'autre, elle fut seulement hersée plusieurs fois, et la surface fut bien émottée. Dans le mois de septembre lorsqu'on commença l'effeuillage, il y avait plus à récolter dans le quart de la pièce qui avait été défoncée et qui avait reçu du fumier, que dans tout le reste ; l'autre quart défoncé fournissait autant que la moitié du terrain qui avait été labouré et fumé.

Depuis ce temps, le trèfle, le blé et les autres produits, ont été plus beaux sur ce quart défoncé et fumé que partout ailleurs. Le fermier, alors convaincu par cette expérience, a défoncé non seulement toute cette pièce, mais encore toutes celles qui ont pu l'être sans inconvénient, et de pauvre qu'il était, il se trouve aujourd'hui un des plus riches de son canton.

En supposant, ce que je n'admets pas, qu'il y eût quelqu'inconvénient à opérer ce défoncement, il n'existerait qu'une seule fois, car les terres défoncées précédemment peuvent l'être de nouveau sans le moindre dommage. Or, les nombreux avantages qui en résulteraient seraient toujours hors de proportion avec un si léger préjudice.

Lorsqu'on veut obtenir un labour profond de 33 à 36 centimètres, il faut avoir deux charrues, dont la seconde doit être faite de manière que, reprenant de 12 à 15 centimètres de la raie laissée par la première, elle puisse, non pas seulement relever et remuer cette terre, mais l'élever d'abord, et ensuite la renverser sur la bande de la première charrue. Cette opération n'est pas sans difficulté.

Les paysans de la Romagne usent, pour

défoncer la terre, d'un procédé qu'ils nomment *royolement*, voici en quoi il consiste : une charrue ordinaire laboure le sol aussi profondément que possible ; derrière la charrue, viennent succesivement des ouvriers qui, au moyen de pelles ou de houes, défoncent la raie faite par cet instrument, laissant en place la terre par eux remuée, si l'on ne veut qu'un défoncement (pelleversage), et la rejetant au contraire sur la tranche renversée par la charrue, si l'on veut un défoncement et un changement de la couche arable proprement dite. Ce procédé, que je n'ai point encore essayé, doit être efficace, mais je le crois plus coûteux que le travail fait par deux charrues. Quel que soit celui que l'on adopte, il ne faut guère enterrer le fumier dans une terre ainsi défoncée, à moins qu'on n'y fasse de la luzerne, ou une autre plante dont les racines s'enfoncent profondément.

On laboure en *billons* ou en *planches*.

On donne le nom de billons aux petites éminences prismatiques que l'on forme par un petit nombre de traits de charrue, quatre ou six. Au-delà de ce nombre, on les nomme planches.

Quelquefois les billons sont bombés, ils peuvent convenir alors dans les sols peu profonds, et pour les végétaux qui doivent passer l'hiver en terrre, dans les pays et les sols humides et peu inclinés. Jamais ils ne doivent avoir la forme d'un toit.

Ce mode de culture ne doit être que très-exceptionnel, car il présente des inconvénients majeurs : entre les billons est un espace non labouré et improductif, la plus grande partie de la terre végétale est rassemblée sur le haut avec les fumiers qui sont difficiles à étendre ; les côtés, par conséquent, ont beaucoup moins de profondeur et d'engrais; la pluie lave ces engrais dont le suc coule dans la raie et hors du champ. L'humidité qui se trouve dans ces raies remonte, par la capillarité, jusqu'aux racines elles-mêmes, la gelée y a plus de prise, la neige s'y conserve plus difficilement, la terre s'y dessèche d'une manière inégale, la maturité des grains s'y fait successivement, le hersage y est difficile, le rouleau ne presse que le sommet, on ne peut y faucher ni les céréales, ni le trèfle, etc.

Les cultures en planches sont infiniment préférables, là où il y a du fond, quand même le sol serait mouillé. La pratique de tous les hommes instruits confirme et au-delà ce que j'avance.

Si le terrain est humide et que l'eau incommode, on laboure dans le sens de la pente, à moins qu'elle ne soit trop rapide, auquel cas on laboure obliquement. Si au contraire le sol est léger et susceptible de se dessécher, on donne une direction horizontale, pour arrêter l'eau. Dans tous les autres cas, on laboure du nord au sud, afin que les deux côtés profitent du soleil.

Il se trouve, dans presque toutes les exploitations, quelques pièces de terre dans lesquelles les mauvaises herbes paraissent venir et croître avec plus de facilité et d'abondance que dans les autres. On ne peut penser à se débarrasser de ces plantes nuisibles, surtout du chiendent, par des travaux exécutés à bras d'homme. Outre qu'ils seraient très-chers, ils n'attendràient que très-imparfaitement le but ; mais on peut attendre un heureux succès de labours donnés avec intelligence à des intervalles convenables. L'observation a appris que le chiendent ne pousse bien que dans une terre tassée et quelque peu humide ; cette particularité une fois connue, le remède devient facile : on fera un labour soigné dont les tranches seront convenablement renversées, les raies étroites, et qui ne sera pas accompagné de hersage. Lorsque le terrain commencera à se rapprocher, à se tasser, on donnera un fort coup de herse et immédiatement un labour nouveau, puis un troisième et au besoin un quatrième. Il est presque certain (plusieurs praticiens l'attestent) que le chiendent sera détruit, par son exposition au soleil, dans un terrain rendu ainsi meuble pendant tout un été.

La résistance de la charrue est en raison du carré de la profondeur du labour : ainsi la résistance d'une charrue qui pénètre à 50 centimètres de profondeur est de 2,500, mais si l'on n'atteint cette profondeur qu'en deux fois, c'est-à-dire que l'on ne pénètre que de 25 centimètres chaque fois, la résistance ne sera que deux fois le carré de 25 ou 1250.

Les labours ne sont pas également faciles dans tous les mois de l'année, ainsi, dans nos climats en général, il y a trop d'humidité pendant les mois de janvier, février, fin novembre et décembre; trop de sécheresse dans les mois de juin, juillet, août et septembre. La terre est convenablement disposée en mars, avril, mai, octobre et commencement de novembre. Quant aux terrains sablonneux, ils sont susceptibles d'être cultivés dans tous les mois. C'est d'après ces données qu'un agriculteur prévoyant dirigera l'ensemble de son administration.

§ 2. *Herse.*

La herse fait souvent, dans la grande culture le travail que fait le râteau dans le jardinage : cependant on se sert quelquefois du râteau pour ramasser les débris végétaux qui se trouvent sur le sol, dans le hersage on redoute au contraire cette accumulation. La herse ameublit le sol, elle enterre les semences elle arrache les mauvaises herbes. Pour qu'une herse soit bonne, il faut que les dents tracent leurs lignes particulières, sans que l'une d'elles repasse là où d'autres ont déjà passé.

Les dents sont en fer, rarement on les fait en bois.

Souvent on leur donne une direction oblique d'avant en arrière; si on veut faire un fort hersage, on fait marcher la herse de manière que la pointe soit en avant; si on ne veut que remuer légèrement la terre, on la fait marcher à sens contraire.

Pour ameublir le sol, on herse lorsqu'il est ressuyé; pour détruire les mauvaises herbes, le chiendent par exemple, on attend au contraire qu'il soit sec. Pour que ce travail soit utile, il faut aller assez vite, aussi les bœufs ne conviennent pas autant que les chevaux pour opérer ce travail.

Les herses ont des formes variées; la herse Valcourt fait un fort bon travail et doit être distinguée parmi toutes les autres. On a fait des herses concaves pour les billons, elles sont peu employées.

Lorsque dans une terre la herse pénètre difficilement parce qu'elle est dure et sèche, on la charge d'un poids quelconque qui lui donne de l'entrure ; si au contraire la terre était fraîche et meuble, on pourrait, pour l'empêcher d'entrer trop profondément, ou garnir les dents avec des épines, ou bien attacher les épines à la face supérieure, et la retourner.

§ 3. *Scarificateur, Extirpateur, Houe à cheval.*

Le scarificateur est un instrument qui consiste en un bâtis triangulaire, auquel on ajoute des mancherons et un age pour atteler les chevaux. A la partie antérieure de cet age, on place une roue qui assure la marche et détermine l'entrure des trois ou des cinq petits coutres dont l'instrument est armé.

L'emploi du scarificateur est utile surtout pour rompre l'adhérence de la terre après l'enlèvement d'une céréale, par exemple ; son action facilite le travail de la charrue, qui, souvent ne pourrait pénétrer dans la terre si elle n'avait pas été déchirée d'abord par cet instrument.

Si, au lieu d'employer des coutres, on arme l'instrument de trois ou de cinq petits socs, on a un *extirpateur.*

On peut, au moyen de charnières, resserrer ou élargir l'espace occupé par l'extirpateur, et on a la *houe à cheval* qui n'a que trois socs, un sur la première traverse, deux sur la deuxième qui est en arrière.

Dans ces différents instruments, les coutres ou les petits socs sont placés en quinconce, et de manière que jamais ni les uns ni les autres ne repassent là où un autre à déjà passé.

Ces deux instruments servent pour déchirer la terre superficiellement, pour semer des marsages dans une terre argileuse labourée avant l'hiver, pour semer le trèfle incarnat ; ils servent encore pour détruire les mauvaises herbes. La houe à cheval sert surtout pour travailler la terre entre les lignes des plantes.

Tous ces instruments remuent la terre à une moindre profondeur que la charrue, ils la soulèvent et la mêlent sans la retourner.

Le major Beatson, dont le nom est très-connu en Angleterre par tous les cultivateurs, remplace la charrue, dont il ne se sert jamais, par l'extirpateur.

§ 4. *Buttoir.*

Un buttoir est un instrument composé de deux versoirs montés sur un age. Dans quelques-uns, les versoirs peuvent s'écarter postérieurement. Ils sont, en général, précédés d'une roue qui sert à en assurer la marche. Cet instrument économise beaucoup de travail et de temps, et convient pour donner un buttage à toutes les plantes auxquelles convient ce mode de culture.

Le buttage est une opération par laquelle on entasse la terre au pied des végétaux.

Il a pour effet de favoriser le développement de nouvelles racines ou de nouveaux tubercules. Il doit, en général, être fait de bonne heure pour les pommes de terre.

§ 5. *Semoir*.

Les semoirs sont, comme l'indique le nom, des instruments destinés à semer les graines. Ces instruments sont très-variés et de formes très-différentes. Mais, de tous, celui qui me paraît le plus parfait, est celui de M. Hugues, et comme il est aussi le plus répandu dans nos contrées, je dirai en quelques mots quelles sont ses exigences, ses avantages et ses défauts.

Pour que le semoir remplisse bien le but qu'on se propose, il faut que la terre ait été soigneusement labourée et qu'elle ait reçu plusieurs coups de herse, souvent un tour de rouleau. Les sillons doivent être de la largeur du semoir; si on fait des planches, elles doivent avoir deux et mieux trois fois cette même largeur. Dans le semoir Hugues, ce sont des alvéoles placées sur le cylindre qui doivent recevoir les graines ; il convient de bien choisir l'alvéole qui convient à l'espèce de graine qu'on va semer. Lorsque le blé a été sulfaté, il arrive que la chaux qui reste attachée aux grains peut obstruer l'alvéole, et nuire ainsi à l'ensemencement, qui, dans ce cas, ne se ferait pas d'une manière régulière ; il faut alors vanner le blé et le cribler quelquefois, ou bien encore on peut le laver et ne le semer que lorsqu'il est bien propre. On pourrait peut-être alors se servir du moyen que j'ai vu proposé par M. Hélouin, qui consiste à remplacer le sulfate de soude et la chaux par l'acide sulfurique.

Au moyen du semoir Hugues, la semence est enterrée à une profondeur uniforme, et, par conséquent, la levée s'en fait simultanément et régulièrement ; elle est aussi placée en lignes, les sarclages et les binages s'opèrent beaucoup plus facilement. Ces deux conditions favorisent la germination et la belle venue de presque tous les grains, ce qui permet de diminuer la semence d'un tiers ou d'un quart, et cependant d'espérer un rendement plus considérable. Si le semoir présente quelques difficultés dans les terres pesantes, il convient parfaitement dans les terres légères,

Pour que le semoir puisse fonctionner convenablement, il faut supposer une perfection dans les cultures préparatoires, qui ne s'obtient que par des travaux longs et coûteux ; cette perfection d'ailleurs n'est pas toujours sans inconvénient. A l'article des céréales, par exemple, nous avons vu que le blé, venait mal, *se laissait aller*, lorsque la terre avait été trop travaillée et était devenue meuble, parce qu'à cet état elle se tasse et durcit après les pluies. Il existe d'ailleurs, comme je l'ai noté dans le même chapitre, des terres gelives dont les mottes ne doivent pas être brisées par la charrue, afin que, plus tard, lorsqu'elles se délitent, elle puissent rechausser le blé, et favoriser son tallement. Je ne signale point comme un inconvénient, que la chaux dont le blé est recouvert après le sulfatage, obstrue les alvéoles et gène ainsi l'action de l'instrument, parce que je crois qu'on peut arriver au même résultat avec l'acide sulfurique sans addition de chaux ; mais un désavantage bien réel, c'est que les grains d'avoine et d'orge qui sont pailleux et qui présentent des barbes, ne peuvent être mis en terre au moyen du semoir, sans avoir été préalablement froissés et fortement maniés, pour faire disparaître ces inégalités. Le travail du semoir est long, et il nécessite de la part du conducteur une attention soutenue. Un des grands défauts, des semoirs signalés par Mathieu de Dombasle, c'est que, lorsque les roues parcourent un terrain inégal, elles soulèvent ou abaissent successivement les coutres qui marchent en avant du cylindre, et la graine se trouve trop ou trop peu enterrée, quelquefois elle ne l'est pas du tout. Les semoirs sont d'un prix élevé.

On enterre encore les grains : 1°. dans de petites fosses creusées avec la houe à la main, et que l'on nomme *poquets* : 2°. sous la raie de la charrue ; 3°. au moyen du scarificateur, de la herse et du rouleau.

On ne sème guère en poquets que les plantes qui se propagent par racines, les pommes de terre, par exemple.

Le semis sous raie s'exécute en répandant la semence dans la raie ouverte. Dans la pratique, le semis sous raie se fait à la volée sur le sillon, et la charrue recouvre la semence en parcourant successivement toutes les parties du champ ; il faut avoir soin, dans ce travail, de ne donner à la charrue que l'enrure convenable pour favoriser la germination et la levée de la semence. Pour le semis des céréales, la charrue doit pénétrer au plus à 8 centimètres de profondeur. Ce mode de faire est long, et peut occasionner des retards préjudiciables dans certaines années.

Le semis au scarificateur ou à la herse est beaucoup plus expéditif ; il est très-convenable si la saison est avancée et que les terres soient humides.

Dans l'automne, le rouleau ne sert que pour enterrer les graines fines.

Dans ces deux manières d'opérer les semailles, les grains sont jetés sur la terre par un homme qui parcourt successivement et méthodiquement toutes les parties du champ. Ce travail est dit semis à la volée ; partout il se fait d'une manière routinière, et l'habitude seule dirige le semeur. Pour qu'il soit bien fait, il convient qu'on répande également toute la graine voulue sur toutes les parties du champ.

Lorsqu'on sème plusieurs espèces de graines ensemble, on ne doit jamais les mêler, car leur volume ou leur poids différent, ferait que le semis serait très-inégal.

On ne doit jamais semer par un temps de vent, si ce n'est les semences lourdes ; l'avoine même ne peut y être semée.

Tout semis doit être précédé d'un travail qui extirpe complètement toutes les mauvaises herbes qui couvrent le champ, ainsi que celles qui ont commencé à germer.

Il ne faut semer que lorsque la température favorise la prompte germination de la semence, et quand les couches de terre seront et se maintiendront humides pendant le temps voulu pour la germination de la plante. C'est une règle qui ne souffre presqu'aucune exception. Comme ces probabilités existent généralement en automne, on ne craint point de devancer l'arrivée de cette humidité, qui pourrait devenir trop grande pour permettre plus tard des labours de semailles. Aussi, le proverbe dit, qu'il faut semer dans la poussière en automne, et dans le mortier au printemps.

A cette époque, si la semence de la plante germe par un degré de chaleur moindre que la masse des plantes adventices, il faut semer de très bonne heure. Si elle exige un degré de chaleur plus élevé, comme la luzerne, par exemple, alors on attendra la sortie des mauvaises herbes, et on les détruira avant d'opérer le semis.

A mesure qu'on avance dans le printemps, la germination des plantes est plus rapide, et il est d'une grande importance, à cette époque, que les graines se trouvent en contact immédiat avec la terre qui leur fournit l'humidité. Aussi le plombement du sol par le rouleau est-il plus nécessaire qu'en automne, sur les semis faits dans cette saison.

§ 6. *Rouleau.*

Le rouleau s'emploie pour écraser les mottes et pour égaliser la surface du sol. On l'emploie encore pour presser la terre contre les semailles et pour donner du pied aux récoltes qui ont été déchaussées par les gelées.

Les rouleaux sont en bois, en pierre ou en fonte. Ils sont d'une seule pièce ou de plusieurs. Ils ne doivent pas avoir plus de 1 mètre 33 centimètres de longueur. Lorsqu'ils ont un grand diamètre, ils demandent à poids égal un moindre tirage que les petits. Les rouleaux à rondelles mobiles et isolées conviennent bien sur les petits sillons. Le rouleau sera bon s'il est court et gros. Il y a des rouleaux à pointes dont les aspérités brisent bien les mottes, des rouleaux squelettes, etc. Tous ces rouleaux peuvent, jusqu'à certain point, être remplacés dans la pratique par le rouleau ordinaire. S'il s'agit de briser les mottes de terre, on fera souvent fort sagement de faire précéder le hersage par un tour de rouleau.

Il faut se garder d'employer cet instrument quand le sol est humide.

§ 7. *Ébroussoir.*

L'ébroussoir a la forme d'une auge à maçon. Le fond est garni de longues dents un peu relevées, faites par une douzaine de traits de scie ; derrière, et sur les côtés de ce long peigne, sont des rebords destinés à retenir les têtes de trèfle chargées de graines. Un morceau de bois courbé, se relevant des deux bouts, fixé avec un boulon, s'avançant sur le devant au-dessus du milieu de la boîte et se relevant en-dessus des bords, sert à tenir l'instrument avec les deux mains : l'ouvrier pousse vivement d'arrière en avant, et de bas en haut contre les tiges de trèfle, dont les têtes engagées entre les dents, restent dans la boîte, jusqu'à ce qu'elle soit pleine et qu'il la décharge sur une toile ou dans un sac.

Cet instrument, comme je l'ai dit ailleurs, s'emploie surtout dans les années pluvieuses, pour faire la récolte des têtes de trèfle qui contiennent la graine.

Il existe encore beaucoup d'autres instruments qui sont employés aujourd'hui dans les travaux de la campagne ; les uns sont connus de tout le monde, les autres le sont beaucoup moins ; mais ils sont, pour la plupart, assez compliqués pour qu'une simple description ne fût pas suffisante pour en faire comprendre le mécanisme, j'ai pensé qu'il était inutile d'en parler.

Quels que soient les instruments aratoires dont on se serve, la culture mécanique de la terre a pour but : d'exposer la plus grande surface possible aux influences atmosphériques ; d'ameublir le terrain pour le rendre perméable aux racines des plantes ; de procurer aux pluies un réservoir assez vaste pour que les racines ne soient pas tenues en macération, pour que l'évaporation du sol soit lente, et que l'intérieur de la terre conserve toujours une dose suffisante d'humidité afin d'entretenir la végétation, de détruire les herbes sauvages. On fait encore des travaux pour donner à la surface du sol une forme convenable, pour enfouir des plantes, pour semer et recouvrir la semence, enfin pour enterrer le fumier.

Ce n'est pas par une seule œuvre qu'on peut atteindre ces différents buts, c'est de la combinaison seule de plusieurs, les unes profondes, les autres superficielles, que peut résulter la perfection de la culture.

§ 8. *Défrichement.*

On distingue en deux classes les défrichements : ceux qui se font au moyen des instruments mécaniques seulement, et ceux pour lesquels on emploie le feu, pour réduire en cendres les matières ligneuses, dont on enfouit une partie dans le premier mode.

Le défrichement avec écobuage doit toujours être superficiel ; sans cela, les cendres qui viennent de la combustion, réparties dans une couche de terre trop profonde, seraient comme inutiles et sans valeur.

Tout terrain sur lequel on peut amasser des eaux d'irrigation, est par cela même propre à la culture, il peut, par conséquent, être défriché, s'il peut donner au moins un produit net de 30 fr. par hectare. Si ce produit ne peut être obtenu, mieux vaut y faire des semis d'arbres qui paieront mieux.

§ 9. *Sarclages.*

Les sarclages ont pour but de détruire les plantes étrangères à la culture. Ils se font ordinairement à la main, au moment où la terre est encore fraîche ; quelquefois ils s'exécutent au moyen d'une houlette qui coupe les racines entre deux terres ; on se sert encore d'une sorte de pince en bois qui convient bien pour les plantes dont la racine s'enfonce profondément.

C'est également dans le but de détruire les mauvaises herbes qu'on exécute quelquefois des hersages.

Quant aux autres travaux de la culture dont je ne parle pas ici, j'ai fait connaître ailleurs le but qu'on devait se proposer et la marche qu'il convenait de suivre, en parlant des différentes plantes qu'on cultive et des soins qu'elles exigent. Il est quelques opérations cependant dont je n'ai rien dit, parce que j'ai supposé qu'elles devaient être connues parfaitement de tous ceux qui se sont occupés du travail des champs.

(Gasparin, Moll, Mathieu de Dombasle, Jamet, De Magneville.)

ARTICLE II.

Assolement.

M. Thouin définissait l'assolement : l'art de faire alterner les cultures sur le même sol, pour en tirer constamment le plus grand produit aux moindres frais possibles.

Je crois qu'on pourrait ajouter à cette définition : tout en le maintenant dans un état de fertilité convenable.

Plusieurs règles sont à suivre dans le choix d'un assolement :

Deux plantes qui favorisent le développement des mêmes mauvaises herbes ou des mêmes insectes, ne doivent pas être cultivées l'une après l'autre.

Un assolement ne doit comprendre que des plantes qui se plaisent dans le sol auquel elles sont destinées.

Quelqu'avantageux que puisse être un assolement, il ne peut être tel que la majeure partie des terres porte les mêmes cultures, et non pas des cultures diverses. En effet, si l'année était défavorable à ce genre de produits, le laboureur pourrait éprouver de graves dommages, quelquefois une perte irréparable.

La facilité avec laquelle la terre se garnit de mauvaises herbes, est telle qu'on devra recourir souvent aux plantes sarclées, qui nécessitent des binages et des buttages. C'est par le même motif que les plantes rameuses, ou dont les feuilles sont larges favorisent les cultures qui les suivent, parce qu'elles étouffent les mauvaises herbes.

Il convient que les bestiaux trouvent chaque année dans les récoltes obtenues, suffisante quantité de fourrages, de nourriture et de litière; car, sans bestiaux point de fumier, et sans fumier point de récoltes; il faut en effet rendre à la terre par l'engrais tout ce qu'on lui a enlevé par la culture.

L'assolement doit être tel que les travaux des hommes et des bestiaux s'exécutent régulièrement, et que tout ne soit pas à faire à la fois.

On devra prendre en grande considération la nécessité de fumer, ou la possibilité de ne pas fumer telle ou telle culture.

La succession des récoltes doit être déterminée par les convenances locales, c'est-à-dire par le climat et par les rapports réciproques du sol et des plantes, et de celles ci entre elles, convenances qui font que l'une de ces plantes réussira mieux dans un terrain que dans un autre, après telle plante qu'après telle autre.

Dans les terres sèches et arides, il faut

admettre de préférence les cultures propres à les ombrager et à leur donner du corps; dans les terres pesantes, les cultures propres à les diviser.

Aux récoltes épuisantes, les céréales, par exemple, faire succéder des cultures améliorantes, trèfle, etc. Il est d'ailleurs d'observation que la culture de certaines plantes favorise la belle végétation de quelques autres.

En général, une céréale vient mal après une autre céréale, tandis qu'une autre plante prise dans une autre famille pourra fort bien prospérer. La raison de ce fait me semble assez facile ; une récolte de blé a absorbé de l'eau, du carbone, de l'hydrogène, de l'oxigène, de l'azote, des acides carbonique, phosphorique, sulfurique, du chlore, de la silice, de la chaux, de la magnésie, de l'oxide de fer, de l'alumine, de la potasse et de la soude (tous ces agents se trouvent dans les fumiers). Si l'année suivante on fait revenir sur le même sol un second blé, il ne retrouvera plus les agents de fertilisation dont il a besoin pour se nourrir et se développer, ou bien il ne les retrouvera qu'en quantité si minime, que son développement sera bien incomplet. Si, au contraire, on eût fait suivre cette première récolte par des tubercules, des racines ou par des fourrages ; ils auraient trouvé dans les agents de fertilisation que le blé n'a pas absorbé à son bénéfice, tous ceux qui suffisent à leur belle venue et à leur complet développement, car leurs exigences sont tout autres que celles du froment.

Il ne faut pas trop exagérer cependant les lois de l'alternance, car l'expérience de tous les jours nous montre que certaines récoltes viennent bien plusieurs années de suite après elles-mêmes. Les céréales viennent quelquefois après d'autres céréales : l'avoine après le blé, l'avoine après l'avoine; d'autres cultures prospèrent également après des cultures de plantes de la même famille, les vesces après le trèfle, etc. Mais l'expérience a prouvé qu'en général les plantes ne viennent bien ainsi qu'à force d'engrais ou dans des terrains d'élite; des cultures ainsi faites favorisent la venue des mêmes herbes adventices, des mêmes insectes, et ne peuvent guère former la base d'un bon assolement. Dans celui que j'ai adopté, je sème de l'avoine après le blé, mais j'ai soin, au moyen d'un labour de défoncement, de ramener à la surface du sol une terre toute nouvelle, et qui, depuis la dernière culture d'avoine, n'a participé que fort peu à la végétation des autres plantes qui ont été confiées à la terre, de sorte qu'à proprement parler, je ne fais point deux récoltes de céréales de suite dans le même terrain.

L'art de l'assolement ne consiste pas seulement à éviter le retour de la même espèce ou d'espèces similaires, mais il consiste aussi à donner aux terres de natures différentes les cultures qui leur conviennent, à faire des semailles en temps opportun sur des terres convenablement préparées par les labours et autres façons, purgées et nettoyées de mauvaises herbes.

Avant de se déterminer pour un assolement quelconque, il convient encore de consulter les usages du pays. Il faut prendre en considération la nature du sol, le voisinage ou l'éloignement des grands centres de population, les usages commerciaux, la facilité d'écoulement des produits, les moyens dont on dispose soit en bras pour l'exécution des travaux, soit en argent pour les avances, le prix de la main-d'œuvre, la possibilité de se procurer des journaliers, le prix que l'on paie aux domestiques, l'état des routes et des chemins, les habitudes du pays, et jusqu'aux préjugés (non pas pour s'y conformer, loin de moi cette idée), mais il est bon d'en tenir compte. Que d'assolements judicieux et rationnels ici qui seraient mauvais et déraisonnables à quelques lieues de là ! que de résultats merveilleux obtenus, qu'il faut se garder de vouloir imiter. *Bene colere optimum, optimè damnosum*. Bien cultiver est une chose excellente, merveilleusement cultiver est chose dangereuse. Ici la nature du sol favorise telle et telle culture, là, d'autres plantes viendront mieux et seront plus profitables. La culture du colza, par exemple, paie très-bien en général, mais elle demande beaucoup de main-d'œuvre ; il y a peu de journaliers dans le pays, encore se font-ils payer très-cher ; il faut d'ailleurs, pour vendre la graine, la porter très-loin, et les chemins sont très-mauvais, etc., etc. Peut-être alors fera-t-on bien de s'abstenir : les circonstances font les assolements.

Dans les départements de la Basse-Normandie, les assolements sont très-variés ; celui de la plaine de Caen est très-simple : 1°. colza fumé ; 2°. blé sans fumure nouvelle, puis après une nouvelle rotation, on sème du sainfoin qu'on laisse trois et quatre ans. Dans d'autres parties du Calvados, on fait, première année, blé ; deuxième, méteil ; troisième, avoine avec trèfle ; quatrième, trèfle. C'est un assolement mal entendu et peu judicieux. La terre ainsi menée, se trouve épuisée promptement, et ne donne bientôt que des produits assez chétifs. Dans la Mayenne, voici un assolement qui est adopté dans beaucoup de cantons : 1°. sarrasin ou chanvre ; 2°. blé ; 3°. orge avec trèfle ; 4°. trèfle. C'est à peu près le même dans la Sarthe. Voici, pour ma part, l'assolement que je suis : première année, colza en ligne, sarrasin ou pommes de terre précoces ; deuxième, blé dans lequel je sème du trèfle au mois de mars ; immédiatement après la récolte du blé je fais un demi plâtrage, et j'obtiens ordinairement une coupe de trèfle à l'automne. Troisième année, complément du plâtrage, coupe de fourrage en juin, récolte de graines, puis lorsque le trèfle a repoussé, je l'enfouis, et je fais la quatrième année, blé sur trèfle enfoui, avec fumure pulvérulente au mois de mars. Cinquième année, avoine sur défoncement de 22 à 30 centimètres de profondeur.

Ce défoncement me paraît d'autant plus utile, que la terre, n'ayant reçu qu'une fumure au commencement de la période, sauf l'engrais pulvérulent que je donne pour le second blé, pourrait se trouver épuisée pour l'avoine, si l'on ne formait en quelque sorte une couche arable toute neuve, au moyen du défoncement. Cette terre ramenée à la surface convient parfaitement à l'avoine. L'année suivante, en recommençant la rotation, elle recevra une forte fumure et portera du colza, qui s'arrange aussi très-bien d'une pareille terre, et, avant de produire du blé, elle aura profité de nombreux labours, d'une forte fumure et des influences atmosphériques. Evidemment elle conviendra au blé autant au moins que l'ancienne couche, et l'on aura obtenu deux grands avantages : celui d'avoir rendu plus profonde la couche arable au profit de presque toutes les cultures. Les défoncements, en effet, augmentent la faculté absorbante du sol ; ils favorisent le développement des racines ; ils diminuent les effets de l'humidité, et ceux de la sécheresse, et les récoltes de luzerne, de trèfle, de sainfoin, de choux, sont toujours en raison de la profondeur des labours. Le second avantage est d'avoir prolongé l'assolement jusqu'à la cinquième année, sans nouvelle fumure et sans épuisement, ou plutôt avec amélioration de la terre. Je me félicite tous les jours d'avoir adopté cette rotation.

Il est un assolement proposé par M. Dézeimeris, qui n'est pas encore suivi dans nos pays, et que je ne dois cependant pas passer sous silence ; le voici : au 1er. mars, ou plus tôt, si la saison le permet, on porte quatre à cinq charretées de fumier sur 25 ares de terre, qu'on laboure immédiatement; on y sème, pour être consommé en vert, un mélange de seigle de printemps, d'orge céleste, de pois quarantains et de moutarde blanche ; huit ou dix jours après on répète la même opération sur 25 autres ares, puis de même sur un troisième quart d'hectare, puis ainsi et successivement sur deux hectares de terre. Lorsqu'on n'a plus de gelées à craindre, au mélange ci dessus on substitue un mélange de sarrasin, de maïs quarantain, d'alpiste, et de pois quarantains, et dans les terres légères, de spergule géante. Dès que le premier des fourrages ainsi semés sera bon à faucher, ce qui arrive vers la fin de mai, il faut l'enlever, porter de nouveau du fumier sur le même champ, le labourer sans perdre un seul jour, et y semer de nouveau le mélange de sarrasin, maïs quarantain, etc., etc., de même pour tous les autres quarts d'hectare. A cette époque de l'année (juin juillet), moins de deux mois suffiront pour le développement de ce deuxième semis, et on pourra en faire un troisième, sans fumure. Ce dernier fourrage sera récolté à temps pour livrer le sol bien ameubli et bien propre aux semailles du blé d'hiver.

Sur de la vesce récoltée de bonne heure, de la jarosse, on peut opérer de même, et la terre, qui produira un fourrage abondant, sera tout aussi propre pour le blé, qu'avec la jachère qui est improductive.

Dans le sarrasin, M. Dézeimeris conseille de semer de la graine de carottes blanches à collet vert, comme on sèmerait du trèfle. Après la moisson du sarrasin, on donne aux carottes un vigoureux coup de herse, quelques semaines après on les herse encore, puis on les récolte.

Ainsi, l'assolement de M. Dézeimeris est biennal : première année, plantes fourragères ; deuzième, blé.

Quant à la jachère, qui n'est pas même connue dans le département du Nord, c'est une pratique bien jugée aujourd'hui comme mauvaise et ruineuse, à quelques exceptions près. Il n'y a qu'une chose, à mes yeux, qui puisse expliquer cette mauvaise pratique, c'est l'obstination de ceux qui exigent de la terre, pendant plusieurs années consécutives, qu'elle leur donne des produits provenant de récoltes épuisantes. Force est bien alors de laisser reposer cette terre, remplie de mauvaises herbes, dont on a épuisé tous les sucs, qu'on a ruinée faute d'engrais, en exigeant d'elle qu'elle dépense tous les principes de fertilité qu'elle pouvait posséder. Je compare ceux qui font jachère à ces voituriers qui chargent outre mesure leurs chevaux, et qui économisant encore sur la mauvaise nourriture qu'ils leur donnent, finissent par n'avoir que des rosses qui ne peuvent plus travailler. Le bénéfice immédiat sera plus grand, il est vrai, mais il deviendra plus que nul, lorsqu'il faudra remettre leurs chevaux en bon état, et leur redonner courage et embonpoint. Il en sera de même pour la terre. Ce n'est pas ce qui doune tout d'un coup les plus grands bénéfices que recherche le sage, mais bien ce qui est le plus long-temps profitable.

Les plantes sarclées, les fourrages, tout en produisant une copieuse nourriture pour les bestiaux, purgeront encore la terre des mauvaises herbes, tout aussi bien que la jachère ; et ce dicton : jachère vaut fumure, est un anachronisme, aujourd'hui que nous cultivons en grand le trèfle, les racines et les tubercules. Une récolte jachère bien conduite, équivaut à la jachère complète.

La demi-jachère, qui consiste à laisser la terre en repos pendant l'hiver, ne peut être conseillée qu'autant que la terre aura été labourée dès l'automne, et que la plante qu'on fera au mois de mars sera assez vigoureuse pour étouffer les mauvaises herbes.

En résumé, c'est très-souvent de l'assolement adopté par un cultivateur que dépendront ou ses succès ou ses revers ; ce n'est donc qu'après un mûr examen et de sérieuses réflexions qu'il doit se décider à adopter tel ou tel assolement. Les considérations que j'ai exprimées dans cet article devront lui servir de guide. Voici, au reste, quelques modèles d'assolements :

Assolement de Grignon. Première année, plantes à sarcler, sur terre bien défoncée et fortement fumée ; deuxième année, céréales de mars ; troisième année, trèfle ;

quatrième année, froment; cinquième année, plantes légumineuses ou à cosses, fourrages annuels; sixième année, plantes oléagineuses, semées après pacages ou sur une demi-fumure, et qui, semées en raies, seront sarclées avec les instruments; septième année, froment.

Assolement de quatre ans. Première année, pommes de terre ou betteraves, carottes fumées; deuxième année, orge, avoine et trèfle; troisième année, trèfle; quatrième année, froment.

Autre de quatre ans. Première année, carottes ou choux fumés; deuxième année, froment; troisième année, fèves ou lin; quatrième année, froment.

Autre de cinq ans. Première année, féverolles fumées; deuxième année, froment avec trèfle; troisième année, trèfle; quatrième année, sarrasin fumé; cinquième année, froment et chanvre.

Je pourrais citer beaucoup d'autres assolements encore, mais je pense que ces quelques exemples seront suffisants.

Pour me résumer en quelques mots: toute terre bien conduite doit être laissée sans culture aussi peu de temps que possible; aussitôt débarrassée d'une récolte, elle doit être labourée immédiatement, et les cultures doivent se succéder d'après les principes que je viens d'exprimer. L'assolement qu'il convient d'adopter ne doit jamais avoir été conçu *à priori*, ni déterminé par avance, mais il doit être, au contraire, le résultat d'une étude sérieuse de la terre, du climat, et de toutes les circonstances qui peuvent avoir de l'influence sur les cultures.

(Yvart, Dieudonné, Thouin, Baudin, Gasparin, Boussingault.)

ARTICLE III.

Pépinières.

Dans la plupart des exploitations agricoles, il sera avantageux de consacrer quelques ares de terre à une pépinière. Ce n'est pas seulement une bonne spéculation au point de vue d'économie, c'est encore une garantie pour le propriétaire, qui sera beaucoup plus certain de la reprise de ses arbres, que s'il était forcé d'en faire l'acquisition chez un pépiniériste.

L'emplacement de la pépinière sera tel que le plant soit bien exposé, et qu'il soit néanmoins à l'abri des grands vents. La terre sera sablo-argileuse et facile à ameublir: trop compacte, les racines s'y développeraient avec peine; trop légère, elle nécessiterait des arrosages presque toujours coûteux et dificiles. Il faut aussi choisir une terre d'une fertilité moyenne. Si elle était trop riche, l'arbre pousserait avec peine quand il serait transplanté dans un terrain de qualité inférieure. Les pépiniéristes, dans le but d'avoir de beaux sujets venus promptement, choisissent une terre riche et fertile; mais leur intérêt est tout autre que celui du propriétaire

Dans l'automne qui précédera le semis, on défoncera la terre par un premier labour très-profond, puis on donnera un second labour plus superficiel, à l'aide duquel on enterrera du fumier. Ni l'un ni l'autre de ces deux labours ne sera suivi d'un hersage. Au printemps suivant, on hersera la terre, et on donnera soit un coup de scarificateur, soit un nouveau labour, puis on ameublira le sol par des hersages en long et en travers.

Ce premier travail terminé, et lorsque le sol est bien uni, on forme des planches de 1 mètre 50 centimètres de largeur, séparées par des intervalles de 50 centimètres, afin que les plantes jouissent d'une circulation facile de l'air, et qu'on puisse facilement opérer les sarclages.

Au mois de mars, on sème à la volée les graines fines, et on les recouvre avec le râteau. Si les graines sont plus grosses, comme les noix, les châtaignes, les glands, après leur avoir fait subir une stratification, on les met en terre une à une au moyen d'un plantoir, on recouvre de même avec le râteau, et on tasse la terre en la frappant avec le plat de la bêche.

Pendant les deux premières années, les soins se bornent à opérer des sarclages aussi souvent qu'il en est besoin, et à faire quelques éclaircies.

Au mois de mars de la troisième année, après avoir bien travaillé et bien ameubli un autre terrain, destiné à recevoir les plants, on les arrache avec précaution, et on les transplante. Avant d'exécuter cette opération, qui se fait soit au plantoir, soit à la charrue, soit à la bêche, on coupe le pivot de chaque brin, on le met en lignes distantes d'un mètre, et à 80 ou 85 centimètres de distance dans les lignes.

Les jeunes plants étant ainsi placés en ligne, il faut les sarcler et les briser la première année au moins deux fois dans l'été, ce qui se fera avec précaution dans un moment où la terre ne sera ni trop sèche ni trop humide.

A partir de ce moment, il part de la tige beaucoup de branches latérales qu'il ne faut retrancher qu'avec ordre et méthode : s'il se forme des branches *gourmandes* qui prennent une direction verticale, il faut les retrancher *rez-tronc*. Quant aux autres, il convient d'en laisser environ la moitié, et de couper l'autre moitié à environ 15 centimètres du tronc, mais pas plus haut que jusqu'aux deux tiers de l'arbre. Cette taille se fait entre les deux sèves, c'est-à-dire après que la première pousse est terminée, vers la fin de juillet. Il ne conviendrait pas de tailler, par exemple, toutes les branches du bas, et de laisser celles du haut, il faut que le long du tronc se trouvent aussi régulièrement que possible des branches taillées et d'autres qui resteront intactes. Si, cette première année, les branches latérales n'étaient pas fortes, on pourrait sans inconvénient les laisser toutes sans les tailler, et attendre l'année suivante.

Avant l'hiver, on met dans la pépinière de l'ajonc marin mêlé avec de la paille de sarrasin.

La seconde année, à partir de la transplantation, on coupe, vers la fin de juillet, *rez tronc*, toutes les branches qui avaient été taillées l'année précédente ; on coupe ensuite, à la distance de 15 ou 18 centimètres, la moitié de celles qui restent, et ainsi chaque année jusqu'à ce que l'arbre ait acquis 15 centimètres de circonférence par le bas.

On s'imagine trop généralement que la soustraction des branches latérales est utile à la belle venue de l'arbre : c'est une erreur. On favorise, il est vrai, la pousse en hauteur, mais l'arbre ne se développe en grosseur qu'autant que des branches latérales y appellent la sève, et, si on les supprime, l'arbre reste menu et effilé, et bientôt on est forcé, pour qu'il se soutienne, de lui donner un appui. J'ai vu de très-belles pépinières gaspillées et devenues sans valeur, par la manie de ces porteurs de serpette qui s'imaginent faire acte de science en retranchant toutes les branches latérales.

C'est alors qu'on peut enlever l'arbre et le mettre en place. Cette nouvelle transplantation se fait en automne.

J'ai dit ailleurs (Calendrier du cultivateur, novembre) les soins à prendre pour planter les arbres : il serait superflu d'en parler ici. L'arbre une fois planté, on peut, dès le printemps qui suit, le greffer, ou bien encore attendre la deuxième année. De cette manière, on pourra mettre sur chaque pied l'espèce qui conviendra à l'exposition et à la nature du *sujet :* greffe d'une espèce tardive si l'arbre est tardif, précoce s'il est précoce. L'arbre ainsi greffé lorsqu'il est mis dans la place qu'il doit occuper désormais pousse mieux et plus vigoureusement que si la greffe eût été placée en pépinière. Je sais bien que le conseil que je donne ici est contraire à la pratique de beaucoup de pépiniéristes et d'auteurs qui ont écrit sur la manière de traiter les arbres, mais j'ai employé l'une et l'autre méthode, et je puis assurer que mes arbres greffés en place ont toujours beaucoup mieux prospéré que ceux qui l'avaient été dans la pépinière.

Chaque arbre greffé sera muni d'un *perchoir*, fait avec une baguette flexible longue d'un mètre environ, et placée en cerceau au-dessus de la greffe ; les deux extrémités de cette baguette seront fixées à l'arbre au moyen de deux liens d'osier ou de jonc. Ce perchoir empêche les oiseaux de s'abattre sur la greffe.

Il faut surveiller celle-ci pendant les deux ou trois premières années, afin de lui donner une forme et une direction régulière. On choisira les deux ou trois branches les plus belles pour les tailler, de manière que les bourgeons qu'elles produisent s'écartent de plus en plus de l'axe du tronc, et l'on supprimera celles qui croissent dans des directions défavorables.

ARTICLE IV.

Notes et Remarques.

Abandonnée pendant long-temps à l'empire des circonstances et à la routine, l'agriculture n'a commencé à entrer dans la voie du progrès qu'à partir du moment où des hommes pourvus de connaissances scientifiques sont venus se mêler aux agriculteurs proprement dits, et leur ont apporté le contingent qu'ils avaient puisé dans l'étude des sciences naturelles. De ce moment, l'agriculture, qui n'avait été guidée que par une sorte d'empirisme, commença à marcher dans une voie plus rationnelle et plus méthodique. Ce changement frappa tous les esprits, et l'on s'imagina trop facilement que la science, la chimie surtout, qui n'aurait dû être considérée que comme auxiliaire, pouvait suffire en quelque sorte pour guider dans les travaux des champs. Erreur fatale ! Aussi, on a pu voir combien d'hommes imprudents et irréfléchis ont expié par des pertes de toutes sortes cette prétention de faire de l'agriculture, attendu qu'ils étaient physiciens ou chimistes. Mathieu de Dombasle, en parlant des qualités qu'on doit posséder pour bien diriger l'exploitation d'un domaine, s'exprime ainsi :

« Le point fondamental dans l'instruction qui peut assurer la réussite d'un agriculteur, ce sont les connaissances agricoles proprement dites, que l'on peut considérer sous trois points de vue : les connaissances du métier, celles de l'art et celles de la science.

« Le métier se circonscrit à des connaissances en quelque sorte matérielles ; il apprend à connaître la terre, à apprécier les effets des cultures qu'on lui donne dans telle ou telle circonstance, à juger de l'époque la plus convenable pour les semailles, la manière d'y procéder, les soins qu'exige chaque espèce de bétail, etc. Le métier s'améliore par l'expérience, c'est-à-dire par l'observation des faits, en se bornant aux connaissances les plus immédiates qu'on peut en tirer pour un cas particulier. L'agriculture, réduite au métier, embrasse encore une carrière très-vaste et remplie d'une multitude de détails, et qu'il n'est pas donné à tous les praticiens de parcourir avec distinction, parce que l'observation des faits doit venir constamment ajouter à la masse des connaissances de cette espèce, et parce que tous les esprits ne sont pas également attentifs et observateurs.

« L'art considère la culture de la terre sous un point de vue beaucoup moins restreint que le métier ; il étudie, compare et combine entre eux, mais toujours en prenant pour boussole la pratique, et relativement aux circonstances locales dans lesquelles il y aura à faire des applications, les procédés, qui sont du métier, dans divers pays et diverses circonstances ; il raisonne ses opérations beaucoup plus que le métier ; il calcule les résultats économiques de diverses combinaisons ou systèmes de culture ; il se rend compte des résultats de ses opérations, persévère dans la route qu'il avait adoptée, ou la quitte pour en prendre une autre, selon qu'il le juge conforme aux intérêts de la spéculation.

« La science agricole, que je regarde ici comme entièrement distincte des sciences accessoires, étudie les rapports entre les causes et leurs effets; elle s'efforce de généraliser les conséquences des observations que lui offre la pratique et d'en tirer des préceptes qui deviendront de l'art, lorsque la pratique les aura confirmés; elle cherche, dans les autres branches des connaissances humaines, des secours et des auxiliaires. La science, dans l'acception que j'attache ici à ce mot, n'apportera pas à une entreprise agricole de grandes chances de succès, et elle peut être quelquefois funeste.

« Parmi les conditions du succès matériel, on ne peut admettre exclusivement la pratique du métier, et l'on doit, sans hésiter, regarder les connaissances de l'art comme formant essentiellement, sous le rapport de l'instruction agricole, la condition indispensable du succès ; mais il faut supposer que dans l'art nous comprenons ici les connaissances du métier ; car, si ce dernier ne suffit pas, l'art manquerait certainement son but, s'il était privé de la connaissance de cette multitude de détails et de pratiques de tous les instants qui constituent le métier. »

Malgré le respect que m'impose l'autorité de Mathieu de Dombasle, je n'hésite pas à déclarer trop restreinte, pour ne pas dire trop hostile, la part qu'il fait à la science ; mais, sous cette réserve, je proclame avec lui que toute exploitation, pour offrir des chances de succès, doit être dirigée par un homme joignant aux connaissances de la science et de l'art, celle du métier. Ce n'est pas chose aussi commune qu'on le pense, car, comme le dit Marshall, l'agriculture n'est pas seulement le plus important et le plus difficile des arts mécaniques, mais aussi de tous les arts et de toutes les sciences du domaine de l'homme.

Sans aller jusque-là, nul cependant ne peut nier que l'agriculture ne soit une science difficile et très-complexe. Lorsqu'on a vécu en dehors des habitudes et des travaux des champs, on est en général disposé à s'imaginer que les pratiques agricoles suivies par les hommes du métier ne sont que le résultat de la routine, de l'insouciance, de l'ignorance ou de l'incurie. C'est une erreur dans beaucoup de circonstances. Très-souvent, telle ou telle pratique que rien ne semble pouvoir expliquer, se justifie soit par la nature du sol, soit par le climat, soit encore par quelqu'autre motif tiré de l'expérience, ou bien encore de convenances locales.

Ainsi donc, tout en assignant à la science un rôle important, supérieur peut-être, il faut néanmoins reconnaître : d'une part qu'elle ne peut suffire pour guider dans une exploitation agricole ; d'autre part, que ce qui manque le plus souvent à l'agriculture, ce sont les connaissances scientifiques.

Une autre cause d'insuccès pour les hommes qui veulent se livrer à l'agriculture après avoir passé une partie de leur vie dans des occupations toutes différentes, se trouve dans la manie de faire du nouveau, de l'extraordinaire, du merveilleux dans les cultures, dans les instruments, dans les bâtiments. Qu'on se pénètre bien de cette vérité, que ce sont les choses merveilleuses qui ruinent en agriculture ; on satisfait son amour-propre, on flatte les yeux, et l'on vide sa bourse.

Il ne faut donc, au début d'une entreprise agricole, ni compter exclusivement sur les connaissances scientifiques, ni faire des innovations sur une grande échelle; mais on a besoin de connaissances pratiques, et l'on ne doit adopter des procédés de culture ou des instruments différents de ceux du pays, que lorque des expériences bien positives et sévères ont démontré la convenance et la justesse de ces changements.

Il est de la plus haute importance, dans l'administration d'un domaine rural, de bien choisir ses domestiques et de les bien traiter. La plupart du temps, c'est la mauvaise direction imprimée aux agents subalternes qui amène des résultats tels que maîtres et valets ont à se plaindre les uns des autres. Sachons tolérer quelques défauts, en songeant que les valets aussi en ont à supporter chez les maîtres. Il est pourtant deux choses que l'on doit punir immédiatement, l'inconduite et l'infidélité. L'infidélité n'est guère possible dans les exploitations où il y a de l'ordre, où chaque chose est à sa place, où les denrées sont pesées et comptées, où rien n'entre ni ne sort sans qu'il en soit fait mémoire. Malheureusement une telle administration est rare, surtout dans les petites fermes. Elle serait cependant d'un excellent effet, non seulement pour éviter l'inconvénient que je signale, mais pour pouvoir se rendre compte à soi-même des résultats de chaque année. Quant à l'inconduite, il arrivera rarement qu'on ait à sévir pour des fautes de ce genre, si le maître est connu lui-même pour un homme de vie douce et régulière.

Une précaution essentielle, c'est de ne donner d'ordres qu'à propos et en connaissance de cause. Il importe plus qu'on ne pense que les subalternes aient de leur maître l'opinion qu'il est très-capable de diriger son exploitation, qu'il voit bien les choses et qu'il ne commande qu'avec sagesse ; cette opinion leur inspirera plus de respect pour lui, et les portera à exécuter avec plus de zèle et d'attention ce qu'il aura prescrit, surtout s'il joint à la douceur une sorte de fermeté qui n'admet point de réplique.

Dans un travail fait en commun par plusieurs domestiques, il est convenable de déléguer à l'un d'eux une certaine autorité sur les autres ; de cette manière, on a toujours un agent responsable, auquel on pourra adresser ou le blâme ou les éloges, suivant que l'ouvrage sera bien ou mal fait.

Le chef d'exploitation, après quelque temps passé avec ses domestiques, finira bientôt par reconnaître l'aptitude plus ou moins grande de tel ou tel pour certains travaux, c'est alors à lui de confier ces travaux à celui qu'il croit y être le plus propre.

Si quelqu'innovation doit se faire dans l'exploitation, chose qui, en général, est tout d'abord mal reçue par les valets, il faut, non pas l'introduire de vive force ; mais au contraire avec une certaine hésitation, un certain doute sur la pratique nouvelle ou l'instrument nouveau. Une autre condition de réussite, c'est que le valet qui doit en faire l'essai soit seul avec le maître, sans quoi l'innovation serait infailliblement rejettée.

— L'introduction du trèfle et des cultures sarclées, la jachère récolte substituée presque partout à la jachère pure, l'amélioration des voies de communication, la science agricole plus généralement répandue, ont amené un résultat fort remarquable : c'est que, tandis que les impôts ont doublé, que la valeur locative des terres a singulièrement augmenté, la main-d'œuvre est payée aujourd'hui trois fois plus qu'il y a cinquante ans, le fermier vit beaucoup mieux, il est mieux vêtu, et il est d'ailleurs plus à son aise. L'agriculture a donc fait de grands progrès, et la cause peut en être attribuée en grande partie à l'introduction du trèfle et des cultures sarclées.

— Le capital foncier, ou la valeur vénale

du sol n'est pas une valeur fixe et invariable, il peut augmenter par une bonne exploitation, diminuer par une exploitation mal dirigée. Les cultures améliorantes concourent à l'accroissement progressif du capital foncier, les cultures épuisantes tendent à sa diminution, et amènent la ruine des propriétaires ; car, comme l'a si bien démontré l'illustre agronôme toscan Ridolphy, *la terre n'est un capital qu'en raison de sa fécondité.* Que de gens qui ne s'en doutent même pas, mangent ainsi leur fond avec leur revenu ! Ils demandent sans relâche à la terre du lin, du colza, des céréales, et puis, un beau jour, la terre ne veut plus produire. Que, ce jour-là, le propriétaire soit dans la nécessité de la vendre, il ne trouvera pas d'acquéreur, ou il n'en trouvera qu'avec une énorme diminution du capital : c'est que l'intérêt élevé que ce propriétaire avait cru percevoir, n'était en réalité qu'une portion du capital lui-même.

(Mathieu de Dombasle, Gasparin.)

ARTICLE V.
Calendrier du Cultivateur.

TRAVAUX A EXÉCUTER PENDANT L'ANNÉE.

Janvier.

A ce moment on peut encore labourer les sols argileux, qui se déliteront par la gelée, mais ces labours seraient au moins inutiles pour les terres blanches, sur lesquelles la gelée n'a pas d'action. Comme le sol est souvent humide, on fera bien d'atteler les chevaux à la file, ou de profiter d'une petite gelée qui durcisse un peu la surface du terrain.

Dans un sol consistant et argileux, on donne au colza un premier binage.

On fera tous les charrois nécessaires surtout sur les sols légers ; il sera bien de déposer près des champs qui plus tard en auront besoin, le fumier qui est maintenant disponible dans la cour de la ferme, mais il convient de le replacer avec ordre et méthode, sans quoi il perdrait de sa valeur.

Le battage des grains est alors en pleine activité ; il s'exécute mieux pendant les temps froids et rigoureux ; il faut surveiller cette opération, tant pour s'assurer de la fidélité des batteurs, que pour qu'ils ne laissent pas de grain dans la paille ; presque toujours ce grain serait perdu, cependant, quelque précaution qu'on prenne, il en reste toujours ; c'est pour cela qu'avant d'employer la paille à faire la litière, on fera bien de l'approcher des bestiaux, qui prendront ce qui leur convient ; le reste sera étendu et mis en litière.

Les hommes et les bestiaux pourront être occupés très-utilement au raccommodage des chemins.

Il faut revoir les raies d'écoulement à chaque fonte de neige ou après les grandes pluies.

Si on laisse le fumier long-temps sous les bestiaux, il faut avoir soin de le débarrasser d'une partie des excréments, et surtout de l'urine. Ce fumier entretenu dans les étables, y conserve une douce chaleur, convenable surtout aux bêtes à l'engrais, mais il faut avoir soin, vers le milieu de la journée, surtout quand le temps est beau et qu'il fait soleil, de tenir la porte ou une fenêtre ouverte pour renouveler l'air.

Si les chemins le permettent, on marne; on apporte également des sables, des graviers, des pierrailles sur les terrains argileux. On amène encore des terres pour exhausser des sols trop humides.

A cette époque, on plante encore les arbres; il est peu de propriétés dans lesquelles il n'y ait quelque terrain inculte, soit qu'il fût trop cher de l'amender pour le rendre propre aux cultures ordinaires, soit parce qu'il est d'un accès difficile. En y plantant des arbres en massif, on pourra l'utiliser et en tirer quelquefois très-bon parti. Il faut choisir des arbres bien venants, frais, jeunes, ayant beaucoup de racines : on sera presque sûr de leur belle venue, surtout si le terrain dans lequel on les met est de qualité meilleure que celui de la pépinière d'où on les a extraits ; suivant sa nature, on plantera telle ou telle espèce d'arbre ; l'orme et le frêne dans les sols calcaires, le chêne, le hêtre et le châtaignier dans les sols non calcaires ; les poiriers dans les terres humides, les pommiers dans les terres plus sèches.

Février.

Continuer les charrois, visiter les raies et rigoles d'écoulement. Commencer à faire la litière plus souvent. Vers la fin du mois, on peut labourer les sols sablonneux et légers.

On sème les féverolles, l'avoine, les vesces.

Répartir l'eau sur les prés de manière qu'elle ne croupisse nulle part, rejetter l'eau qui provient de la fonte des neiges, à moins qu'elle ne soit bourbeuse.

Couper, dans le verger et dans les champs, toutes les branches mortes des pommiers et des poiriers, toutes celles qui s'entrecroisent avec les autres et qui gênent la circulation de l'air.

On détruira les lichens, les mousses qui s'attachent aux arbres, soit avec un instrument comme un grand couteau, soit en les enduisant d'un lait de chaux un peu épais; cette opération doit se faire par un beau temps, et qui fasse présumer cinq à six jours sans pluie.

On enlèvera les gazons qui sont au pied des arbres dans le verger, on y mettra des engrais, on réappliquera ces gazons, en mettant l'herbe en-dessous.

On termine la transplantation des arbres, et on finit de combler les fosses d'arbres, qu'on avait remplies seulement avec de l'ajonc.

Dant tous ces mois d'hiver, lorsque le temps est mauvais, et que les travaux extérieurs sont en quelque sorte impossibles, on fait, avec de la paille de seigle, des liens pour les blés, on raccommode les outils, on fait des fourches et des râteaux, etc., etc.

On continue le battage des grains.

C'est vers la fin du mois qu'on fait les pommes de terre précoces. Depuis la maladie qui parut aux États-Unis en 1843, et qui frappa les pommes de terre en Europe l'année suivante, la culture de la pomme de terre hâtive dès le mois de février, est devenue d'une nécessité rigoureuse, c'est jusqu'ici le seul moyen de se mettre à l'abri du fléau.

Mars.

Plâtrer les trèfles, les luzernes, les sainfoins, les joncs marins, enfin toutes les plantes de la famille des légumineuses. La quantité de plâtre est ordinairement de deux hectolitres par hectare. On sème également sur ces mêmes plantes, dans les terrains où le plâtre ne paraît pas avoir d'action marquée, de la suie, ou de la charrée.

Dans les terres légères, on enfouit le fumier au dernier labour; dans les terres fortes on l'enfouit dès le premier.

On commence à semer les récoltes de printemps, les avoines, les trèfles, le sainfoin, la lupuline, le blé de mars, le lin, les choux, le rutabaga, les betteraves en pépinière; la spergule, les carottes, les panais, les pois, la chicorée; on sème également les graines de prés bien choisies, et non des balayures ordinaires de grenier.

On plante les topinambours.

Herser les céréales d'automne lorsque beaucoup de mauvaises herbes infestent le blé ou le seigle, que d'ailleurs après un hiver humide, survient un printemps sec, et que la surface de la terre forme une sorte de croute; c'est une excellente pratique. Il faut tâcher de saisir, pour cette opération, un moment où tout annonce et indique qu'il doit tomber de la pluie sous deux ou trois jours; on se servira d'une herse de fer, et ici encore, comme je le disais de celui qui herse les navets, il ne faut pas regarder derrière soi. Il y aura en effet beaucoup de pieds déchirés, arrachés même; quinze jours après le blé sera magnifique. On roule la terre soulevée par la gelée.

Dans ce mois, il convient de donner au colza un second binage.

Quel que soit le travail qu'on ait à faire, soit à la main, à la charrue, à la herse, etc., il ne faut jamais l'entreprendre, si la terre n'est pas parfaitement ressuyée. Ceci s'entend des terres argileuses et pesantes ; quant aux sols légers et aux sables, on les cultive quand on veut.

Visiter les racines qui restent encore.

Fumer les prés, étendre les taupinières, couper le jonc avec la faulx.

C'est le moment de terminer la coupe des taillis, de continuer le charbonnage des bois, de planter les arbres résineux, de faire des semis de ces arbres.

Avril.

Dans ce mois, les écuries se vident plus souvent. On peut conduire du purin sur les trèfles et dans les prés. On arrose les fumiers.

On fait parquer les moutons dans les champs éloignés de la ferme.

On finit les labours pour le chanvre, les vesces, les navets, etc.

On sème l'orge, la moutarde, surtout la blanche, comme s'égrainant moins que la noire. C'est le dernier mois dans lequel on puisse semer l'avoine. On associe quelquefois la caméline à la moutarde. On sème les laitues pour les cochons.

On plante les pommes de terre, on bine les féverolles, les topinambours. On sarcle les carottes, les betteraves, etc.

Mai.

A la fin du mois, on fait quelquefois la première coupe de la luzerne. Dans certains prés, on fait également une première coupe d'herbe qu'on donne en vert.

On sème le chanvre, les vesces. On plante les haricots, et on transplante les rutabagas, les betteraves, les choux. On herse les pommes de terre. On fauche les vesces d'hiver et le trèfle incarnat.

A cette époque, les litières doivent être abondantes.

On continue l'écorçage des chênes pour le tan. On coupe les bois de refend, qui, à cette époque, se fendent parfaitement bien.

Les pépinières semées en mars peuvent être binées actuellement. On enlève l'herbe trop forte avec la main, afin de ne pas endommager les plantes.

Juin.

On continue de faire parquer les moutons. On arrose les fumiers, surtout ceux des bergeries, si le troupeau doit être parqué pendant plusieurs jours, afin d'éviter que, trop secs, ils prennent le blanc.

On peut enfouir quelques récoltes vertes; c'est une excellente pratique surtout sur les sols sablonneux et légers, auxquels on donne, par ce moyen, plus de consistance et de corps. C'est une très-bonne pratique également pour les champs éloignés de la ferme.

On conduit du purin sur les pommes de terre, sur les trèfles après la première coupe. On cure les fossés et les rigoles.

On donne les dernières façons pour le sarrasin, on arrache les lins, on laboure les champs destinés au colza.

On sarcle et on butte les pommes de terre, on bine les autres cultures sarclées.

On enlève les têtes des fèves et féverolles, lorsque les siliques se forment dans le pied, au moyen d'un grand couteau ou d'un sabre.

On transplante encore les choux, les rutabagas, les betteraves, etc.

On récolte la plupart des fourrages artificiels, trèfles, luzernes, sainfoins; on récolte encore les graines de trèfle incarnat, on enfouit les tiges.

C'est dans ce mois que commence ordinairement la fenaison des prairies naturelles; il est temps de commencer cette opération quand la majeure partie des plantes est en fleurs, mais alors il faut se hâter, car les graminées se dessécheraient bientôt, et n'auraient plus de valeur que comme de la paille.

Il faut exiger des faucheurs qu'ils coupent l'herbe aussi rez-terre que possible, car c'est dans sa partie inférieure qu'elle est le plus épaisse et le plus serrée; ils ne doivent pas faire leurs voies trop larges.

Les andains coupés le matin sont épandus dans l'après-midi, ceux de l'après-midi, le sont le lendemain après la rosée; tant que les andains n'ont pas été étendus, ils craignent peu la pluie. Le fanage s'exécute au moyen de fourches en bois, et à partir de ce moment, le foin ne peut impunément ni recevoir la rosée, ni à plus forte raison la pluie; aussi tous les soirs avant le coucher du soleil, ou bien si le temps menace, les met-on en petits monceaux qu'on nomme cabots, et qu'on fait d'autant plus forts que le foin est déjà plus sec, on les étend ensuite, et lorsqu'il paraît assez sec et qu'il commence à souner, on le met en grand tas (meulons, mulons, buttes), et on l'y laisse quelques jours; si l'on s'apercevait qu'il fume, on démolirait le tas à l'instant même, on l'étendrait au soleil, et on le mettrait en meulons, sans avoir désormais aucune crainte; d'un autre côté, il ne faut pas laisser le foin trop sécher, il perdrait son parfum, sa couleur, et une partie de sa vertu nutritive.

Pour le gros foin des prairies marécageuses, il est reconnu que la rosée et un peu de pluie ne lui font pas de mal. Mais ce qui l'améliore singulièrement, c'est de le mettre en meulon quand il n'est pas encore sec; il s'échauffe, un commencement de fermentation s'établit, les cultivateurs disent alors que le foin sue, il perd ses qualités âcres, et acquiert un commencement de saveur sucrée; quand la chaleur est devenue très-vive, on renverse et on défait le tas, ou bien, si l'on veut, on peut le laisser subsister encore ; le foin devient alors brun au bout de huit à douze jours, et les bestiaux s'en montrent très-friands, mais alors ce foin brun ne serait plus vendable sur nos marchés, quoiqu'il soit très-estimé dans quelques contrées de l'Allemagne. Au bout de quelques jours on loge le foin, soit sans le botteler, soit tout bottelé ; mieux vaudrait ne pas le botteler d'abord, le bien tasser dans le grenier, puis quand une légère fermentation se serait opérée, ce qui a toujours lieu quand le foin n'a pas été rentré trop sec ; on le mettrait en bottes, et on le tasserait de nouveau. Je sais que cette pratique que je vante nécessite plus de main-d'œuvre, mais elle est préférable à la coutume qu'on a de le mettre en botte dans le pré, et de le loger tout bottelé. Le foin étant enlevé, on remet l'eau dans le pré.

Quant au regain, il n'a pas la même valeur que le foin ; il faut 103 kilogrammes de regain pour valoir 100 kilogrammes de foin ; quelques chimistes pourtant considèrent le regain comme plus nutritif que le foin ; ce qu'il y a de certain, c'est que le regain convient mieux aux bêtes à l'engrais et aux vaches laitières, ce qui pourrait tenir à ce que le regain est moins desséché que le foin, et que par conséquent sa matière nutritive est plus assimilable.

On bine les pépinières et on sarcle les jeunes semis.

Les changements brusques de température, les pluies accompagnées de grêle, les orages assez fréquents dans ce mois occasionnent quelquefois la *rouille*.

Juillet.

Il n'est guère besoin de dire que c'est dans ce moment qu'il faut visiter les granges, et procéder immédiatement à toutes les opérations à faire, soit dans la couverture, les portes ou les murs.

Les voitures et harnais doivent être en bon état.

Dans les terres fortes et argileuses, on donne encore un labour, qu'on fait précéder d'un hersage.

On dispose les terres pour le colza. Dans certaines circonstances, cette plante est exposée à être dévorée par un puceron (altise), qui attaque également les autres plantes de la famille des crucifères (chou, navet, rutabaga, etc.) Lorsque ces plantes ont des feuilles, ordinairement elles ne redoutent plus cet ennemi. Il serait possible que le plâtre qui paraît réussir pour activer les plantes de cette famille, pût être utile par une double action, comme hâtant le développement du colza, puis comme nuisible peut-être chimiquement au puceron ; déjà une expérience que je connais, ferait préjuger ce résultat. Il se pourrait aussi, et quelques expériences sembleraient l'indiquer, qu'il fût à l'abri des atteintes de cet insecte, en le semant avec du sarrasin.

On laboure superficiellement les terres qui ont produit du colza ou du seigle. On sarcle et on bine les betteraves, les carottes et les autres cultures sarclées, et on veille à ce qu'il n'y ait pas de mauvaises herbes.

On herse fortement les carottes semées en culture dérobée, quinze jours après on les bine au moyen de la houe, et on les éclaircit. On herse les navets semés en juin, trois fois de suite, de dix en dix jours à peu près ; c'est une pratique qu'on répugne à employer, mais qui fait merveilles. On butte les topinambours.

On arrache les pieds de chanvre mâle, et on les met en routoir. Cette récolte du chanvre mâle, qui quelquefois ne se fait qu'en août, ne doit s'exécuter que lorsque la floraison est passée, laissant le chanvre femelle jusqu'à la maturité des grains.

On peut semer les navets après l'enlèvement du seigle, mais comme le dit le proverbe, il faut attacher la charrue au charriot à blé, c'est-à-dire qu'il faut semer de suite. Un seul labour suffit, on sème sur raies, on enterre à la herse. On peut encore semer une plante quelconque, de la spergule, par exemple, pour l'enfouir.

La récolte de la navette et huit jours après celle du colza se fait dans le mois de juin, ou au commencement de juillet. A l'article colza, j'ai parlé de cette récolte. Je dirai seulement ici, qu'il n'est pas mal après le battage de laisser la graine avec les siliques, elle s'échauffe moins en tas; on l'étend en couches minces et on la remue tous les jours; quelques cultivateurs cependant voient comme une circonstance favorable pour la graine, qu'elle s'échauffe modérément dans le tas pendant un jour.

Il est plus avantageux de vendre la graine quelques jours après le battage, car plus tard elle se dessèche, et elle perd en volume.

La paille donne un bon engrais, et les moutons mangent volontiers les siliques bouillies dans l'eau.

Août.

Dans ce mois, on arrose le lin.

On récolte aussi le chanvre femelle quand les graines sont mûres; si on tenait davantage à la qualité de la filasse qu'à celle de la graine, on récolterait plus tôt, et avant que les graines fûssent mûres. Les pieds que l'on destine pour semence sont mis à part dans du sarrasin ou des pommes de terre; ainsi isolés, les pieds deviennent plus beaux, produisent plus de graine, qui est de plus belle qualité.

Il existe, dans les tiges du chanvre, une matière gommeuse qui colle ensemble et avec le tuyau les brins de filasse. Cette matière, malgré de nombreuses tentatives faites pour en opérer la destruction, n'a pu encore être enlevée qu'au moyen du rouissage. On l'opère à l'eau. Le rouissage du lin a quelquefois lieu à la rosée ; pour cela, on étend sur le pré le lin en couches bien égales, on retourne de temps à autre, jusqu'à ce que la substance gommeuse soit détruite ; on doit retourner surtout lorsque des brins d'herbe se font jour au travers des couches de lin. Cette opération doit être exécutée avec beaucoup de précaution, et de manière à ne rompre ni à entremêler aucun brin, sans quoi l'opération serait très-inégale, et quand des brins seraient déjà suffisamment rouis, les autres ne le seraient pas assez.

Si c'est à l'eau que s'opère le rouissage, ce qui est le plus ordinaire, il convient que ce ne soit pas à une eau courante, mieux vaut une mare, par exemple, dont l'eau ne se renouvelle que par un mince filet ; le chanvre y est plus beau qu'à l'eau courante. Voici la manière de procéder : le chanvre, lié en bottes peu serrées, est placé au fond du routoir sur du bois maintenu en place ; on charge les bottes en les superposant, et on garde pour le dernier rang les paquets composés des brins les plus forts, car c'est en-dessus que l'opération est le plus vite terminée. Les choses étant ainsi, on assujettit le tout au moyen de traverses de bois, qui sont elles-mêmes chargées de grosses pierres ; de temps en temps on voit, en prenant un paquet, quel est l'état où se trouve le chanvre. Quand l'opération tire à sa fin, il convient de la surveiller avec beaucoup de soin, car la fermentation terminée, c'est-à-dire suffisamment avancée pour que la matière gommeuse ait été détruite, cette fermentation s'exercerait sur la filasse elle-même et contribuerait à la rendre de plus en plus facile à casser. Le rouissage terminé, on retire le chanvre de l'eau, on l'étend pendant un ou deux jours sur le pré, puis on le met debout en écartant les pieds, de manière à en former des cônes qui sèchent promptement.

Le rouissage à la rosée aurait sur le rouissage à l'eau une incontestable supériorité, si pendant l'opération les rosées étaient abondantes, et le temps un peu humide; mais comme au contraire le temps est toujours très-sec, il faut préférer le rouissage à l'eau, qui d'ailleurs est loin, d'après les recherches de M. Parent-Duchâtel, d'avoir sur la santé, les inconvénients qu'on avait trop légèrement signalés.

Aussitôt que les récoltes sont enlevées, on fait un premier labour superficiel.

On sème la navette d'hiver, la spergule pour pâturage à l'automne, ainsi que le trèfle incarnat.

Cette pratique ne peut être trop recommandée à ceux qui préfèrent ne pas sacrifier la propreté et la netteté de leurs terres au triste bénéfice du pâturage des herbes qui sont venues dans la récolte qu'on vient d'enlever.

Septembre.

Dans ce mois commence l'automne, déjà la terre se dépouille de sa verdure, les pluies sont déjà plus fréquentes, la deuxième sève finit de se développer pendant sa durée, c'est elle qui produit ce qu'on appelle les pousses de septembre. On commence à cueillir quelques fruits à couteau, et dans nos pays on ramasse, pour les pressurer, les poires et les pommes que le vent fait tomber.

On sème les seigles, on coupe les regains et on les fait pâturer.

On récolte les féverolles, les pommes de terre, la caméline, la moutarde, le sarrasin.

On bat le blé pour la semence. La méthode de changer la semence m'a toujours paru très-convenable, non pas que ce soit peut-être une nécessité physiologique, mais c'est qu'en changeant, on n'achète que du blé très-beau et bien nettoyé, ce que dans beaucoup de cas, on n'aurait pas fait pour soi-même.

On sème quelquefois les graines de prés ; on plante le colza.

On fait encore les fosses pour planter les arbres : ces fosses doivent avoir de 36 à 40 centimètres de profondeur dans les terres labourables ; dans les plants et enclos, 33 suffisent ; elles auront au moins deux mètres de largeur dans tous les sens. La terre bêchée la première, sera mise d'un côté de la fosse ; la plus profonde et la dernière bêchée, sera mise d'un autre côté. Il serait mieux encore, quand on le peut, de faire les fosses dans l'été.

On sème les féverolles d'hiver, on les plante quelquefois en touffes ou tocquées ; il convient de bien recouvrir la semence.

On commence dès la fin du mois à semer le blé.

On sème le trèfle blanc dans le seigle.

Tous les travaux des champs faits à cette époque, s'exécuteront en commençant par les pièces les plus pauvres et les plus humides.

On récolte les pois et les vesces pour graine, ainsi que les féverolles de printemps ; les haricots, lorsque les gousses inférieures commencent à jaunir.

On récolte la graine de trèfle.

Les graines de caméline, de navette, de colza d'été, et de moutarde noire, se récoltent comme celle de colza.

On coupe le sarrasin.

Les pommes de terre s'arrachent dans ce mois, ou au commencement de l'autre.

La récolte du regain se fait comme celle du foin ; mais comme l'herbe est plus aqueuse, que d'ailleurs le soleil échauffe moins la terre, et que les jours sont plus courts, il est difficile de le sécher.

Pour éviter qu'il s'échauffe, on peut mettre des couches de paille d'avoine entre les coupes de regain : on pourrait employer le même moyen pour les dernières coupes de vesces, de luzerne et de trèfle. Dans beaucoup de circonstances, lorsque le regain n'est pas très-fort, on le fait pâturer par les bestiaux ; mais alors, contrairement à l'habitude qu'on a dans beaucoup de localités, il ne faut les y laisser que jusqu'au 1er. décembre au plus tard.

On récolte les graines de bouleau ; pour cela on coupe les branches où se trouve la graine, on les lie en paquets, et on les suspend dans un grenier.

On bine les pépinières avant l'hiver, et on peut recouvrir avec de la paille de sarrasin et de l'ajonc mêlés ensemble.

Octobre.

Dans bien des fermes, on commence dans ce mois à mettre les bêtes à la nourriture sèche ; il convient d'y faire entrer les racines pour une assez forte proportion ; délayées avec de l'eau, elles se rapprochent plus que le foin sec de la nourriture qu'ils viennent de quitter, et la transition est moins sensible.

On diminue la litière. On porte dans les champs la marne et les fumiers dont on peut disposer ou dont on a besoin ; quant aux engrais à donner aux prés, je préfère ne les appliquer que vers le mois de mars.

On récolte les betteraves, les carottes et les rutabagas.

Si les prés sont secs, on peut y mettre l'eau pendant deux ou trois jours, à moins qu'on ne les laisse paître par les bestiaux.

C'est dans ce mois que commence en Normandie le pressurage des poires et des pommes. Cette opération, très-souvent mal faite, est loin de donner des produits aussi abondants et aussi bons qu'on pourrait les obtenir si on y apportait plus d'attention, et que les instruments dont on se sert fussent plus parfaits. En effet, la pomme contient 97 pour cent de jus, et c'est tout au plus si, avec nos pressoirs, nous en obtenons de 36 à 40; mais en dehors même de la manière d'être des instruments, on met ordinairement tant de négligence à faire le cidre, qu'on n'obtient qu'un produit tout-à-fait inférieur à ce qu'il pourrait être. Sans relever ici tous les mauvais procédés suivis, je vais dire ce qu'il convient de faire.

La récolte des pommes doit s'effectuer par un temps sec; on a fait tomber, en imprimant à l'arbre des mouvements de va-et-vient assez forts, une très-grande partie des fruits mûrs; s'il en reste quelques-uns, on secoue les branches au moyen d'un crochet, et les fruits se détachent par cet ébranlement : les gaules dont on se sert quelquefois doivent être proscrites, non seulement elles endommagent les fruits, mais encore elles détruisent bon nombre de bourgeons. Aussi est-il bien connu que les pommiers ne donnent que très-rarement des fruits deux années de suite, tandis que nous voyons les arbres qui produisent des pommes aigres, qu'on cueille avec précaution et à la main, donner souvent tous les ans. Peut-être n'est-ce pas la seule raison de cette différence, mais on peut raisonnablement croire que le bris des bourgeons peut y être pour quelque chose.

Les pommes ainsi détachées de l'arbre sont mises en sac avec la précaution de ne pas les jeter trop fortement les unes contre les autres; on met à part celles qui sont contuses, et on a soin de ne pas mêler les pommes douces avec les pommes amères.

Ce triage une fois fait, on les apporte à la ferme, et on les met en petits tas dans un grand appartement.

L'époque de maturité des fruits arrivée, on procède au pressurage. Cette époque de maturité varie suivant les espèces de fruit; en général, on admet qu'il y a trois époques : la première pour les pommes avancées, la seconde pour les moyennes, la troisième pour les tardives. Dans la plupart des exploitations, on pressure les pommes de chaque saison, chacune à sa part, dans quelques localités cependant on en mêle de différentes *saisons*; je préfère la première méthode. Au reste, on reconnaît facilement à la vue, au goût et à l'odorat la maturité des pommes. Mais il faut le dire, ce n'est point ainsi que procèdent beaucoup de cultivateurs ; ils déterminent qu'il est temps de pressurer, quand ils voient la quantité qu'ils ont de pommes blossies et même pourries; pour les uns, c'est un quart de la totalité, pour d'autres, c'est un tiers, pour quelques-uns enfin une moitié. Alors on commence l'opération, et on ajoute même que, si on eût brassé avant que cette quantité de pommes blossies s'y fût trouvée, le cidre n'aurait rien valu. Ce préjugé qui existe presque partout en Normandie, ne peut se justifier par aucune raison, pas même par la pratique. Cette manière d'agir, au reste, n'existe que pour les pommes tardives, car on pressure les pommes avancées sans attendre qu'il s'y trouve des pommes blossies; les pommes à cet état de blossissement, ont perdu tout leur arôme, et une partie de leur principe sucré, et le moindre inconvénient qui puisse résulter de l'usage de ces fruits ainsi décomposés, c'est de donner un cidre sans parfum et presque sans alcool. Il convient donc de rejetter toutes les pommes pourries ou blossies; car s'il arrive quelquefois que du cidre fait avec un tiers ou une moitié de ces pommes puisse être trouvé bon, il eût été infiniment meilleur si on les avait rejettées. Ce rejet des pommes pourries serait une véritable perte, et il eût été beaucoup plus sage et plus économique de passer quelques jours de plus à récolter les pommes avec précaution. De cette manière presque toutes seraient arrivées à maturité dans le même temps, et récoltées avec soin il ne s'en trouverait que quelques-unes de blossies.

Il conviendrait également de mêler les pommes douces aux pommes amères, mais je ne puis préciser la proportion, car jusqu'ici j'ai acheté mes pommes de gens qui n'ont point l'habitude de séparer les pommes douces des pommes amères (1).

On les écrase dans un tour en granite, ou dans des moulins à cylindre ou à noix, qui paraissent se multiplier depuis quelque temps, et qui doivent, je le pense, écraser plus convenablement les pommes que le tour en granite.

Cette première opération terminée, on fera bien de laisser cuver pendant douze à vingt-quatre heures avant d'exercer aucune pression. Cette sorte de macération facilitera la sortie du jus qui sera d'une plus belle couleur, et peut-être plus abondant; elle facilite également la formation des ferments.

On assied ensuite sur la table de pressoir, en séparant les couches de ces pommes écrasées par de la paille ; je ne dirai point tous ces détails de main-d'œuvre que les cultivateurs connaissent aussi bien, mieux même que moi. On recouvre le tout avec une sorte de table, sur laquelle on place des billots, et on abat l'arbre peu à peu, de manière à ce qu'il exerce une pression graduée.

Ce que je viens de dire s'applique au grand pressoir à lévier, qui est le plus répandu dans nos pays ; il est loin pourtant de valoir quelques autres pressoirs, entre autres le pressoir Révillon, dont la force de pression est très-grande, qui tient peu de place, et n'est pas d'un entretien si coûteux.

Quant à la paille qu'on met entre les couches de

(1) Les pommes douces donnent un cidre agréable, les pommes amères fournissent un jus plus dense, un cidre plus fort, plus clair, plus facile à conserver.

pommes, elle paraît communiquer au cidre un certain goût désagréable ; on se sert en Angleterre et déjà en France de toiles de crin qui sont bien préférables au gluis.

Le cidre porté dans les caves commence à fermenter au bout de quelques jours. Cette partie de l'opération est très-importante ; presque partout elle est très-négligée, et pourtant elle influe plus qu'on ne croit en général sur la bonne ou sur la mauvaise qualité du cidre ; elle doit être favorisée par une température assez élevée, et surtout elle ne doit pas être arrêtée par des variations de cette température. On évitera donc de laisser les portes, les fenêtres tantôt ouvertes, tantôt fermées. La fermentation devrait toujours se faire à vaisseau clos, et ne mît-on sur la bonde qu'un linge chargé de cendres, ou un large morceau de gazon, le cidre en serait meilleur.

Je dois combattre ici un préjugé qui consiste à employer pour favoriser le broiement des pommes, de l'eau sale, prise dans une marre ; sans entrer ici dans des explications chimiques qui prouveraient le mauvais effet d'une telle pratique, je dois dire qu'on s'expose ainsi à avoir du cidre qui *se tue*, et cela me rappelle que la conservation du cidre dans des vases mal lavés, peut également amener ce résultat.

Il est encore une pratique très-répandue et qui doit être proscrite, c'est de laisser le cidre sur la lie. De cette manière on favorise l'acétification ; il convient de le soutirer lorsque la fermentation est terminée. Les Anglais le soutirent jusqu'à trois ou quatre fois.

Quant à la distillation du cidre pour faire de l'eau-de-vie, je n'ai rien à conseiller, si ce n'est de changer le vieil appareil distillatoire ; alors on obtiendra de bonne eau-de-vie, qui ne sera plus brûlée (c'est le mot dont on se sert, et c'est un aveu), et on en obtiendra davantage.

Ce que je viens de dire pour les pommes, peut s'appliquer en partie aux poires, excepté pourtant qu'il ne conviendrait pas de les laisser macérer, avant de les soumettre à la presse, comme je l'ai conseillé pour les pommes.

C'est dans ce mois et dans le suivant que se font les labours de semailles pour les cultures d'hiver. Ces labours seront exécutés avec plus de soin que les autres. Ils doivent se faire en général dans toute la profondeur de la couche arable, sans toutefois ramener à la surface de la terre nouvelle. On commencera par les pièces destinées au seigle qui ne sera semé qu'une dizaine de jours après; on prendra ensuite les terres qui ont produit le colza, et enfin les jachères et celles qui ont donné des cultures sarclées; après ces dernières, on ne donne qu'un labour, comme après le trèfle et le sarrasin. Dans cet ordre de culture on prendra encore en grande considération la valeur et la manière d'être des terres.

On laboure sans les herser les terres qui ne seront ensemencées qu'au printemps.

On fait dans ce mois des semis d'arbres. Le sapin comme le bouleau aiment l'ombre la première année de leur végétation; à cet effet on ajoute aux graines de ces espèces, les grains d'une céréale.

Novembre.

Souvent dans ce mois on sème encore du blé; il convient dès ce moment d'augmenter la quantité de semences. Ces semailles ne doivent se faire aussi tardivement que par des motifs plausibles, ainsi dans un sol très riche, le blé semé tard sera moins sujet à verser; mais les semailles qui ne se font tardivement que par système ou par habitude, doivent être blâmées, et l'expérience de tous les maîtres de l'art est contraire à cette mauvaise pratique.

On continue de battre les grains.

On arrache une partie des navets les plus gros, et on les conserve dehors, si l'on veut, étalés sur la terre, et recouverts de paille pour les garantir de la gelée. Il en est de même des rutabagas, qui sont, moins encore que les navets, sensibles à la gelée. On récolte les topinambours, à moins qu'on ne les laisse passer l'hiver en terre, si le terrain n'est pas humide.

On ouvre les rigolles d'écoulement, et on visite celles qui sont déjà faites.

On peut, si le sol le permet, épierrer les trèfles ; si cela ne se peut faire, on remet cette opération au mois de mars ou fin février.

On commence dans ce mois les plantations d'arbres fruitiers, dans tous les terrains, excepté pourtant dans ceux qui seraient extrêmement mouillés, ou recouverts d'eau pendant une partie de l'hiver. Dans les terrains secs, on mettra les pommiers, les poiriers se mettront dans les terrains plus humides. J'ai dit que les fosses devaient être faites à l'avance, je les suppose donc faites depuis deux ou trois mois.

L'arbre à planter, s'il a été greffé en pépinière, portera une marque quelconque ou une étiquette qui indique le nom du fruit, afin qu'on puisse le mettre à l'exposition qui lui est le plus favorable. Je crois que la précaution de le remettre en place à la même orientation qu'il avait en pépinière, est à peu près inutile ; les expériences du docteur Boucherie n'ont indiqué suivant moi cette précaution comme indispensable que pour les espèces résineuses. Il n'y a au reste aucun inconvénient à observer cette précaution. Si pourtant on plante dans une terre labourable un arbre qui ne soit pas droit, il faut le placer de manière que sa courbure soit dans le sens du labour.

L'arbre mis en place, à la ligne et à la profondeur voulue, il ne faut plus lui imprimer aucun mouvement. Cette profondeur voulue doit être telle que la charrue ne puisse endommager ses racines supérieures, mais il faut prévoir que l'arbre finira par s'enfoncer de toute la profondeur que lui donnera le tassement de la terre qu'on aura mis sous ses racines. On prend alors la terre qui était en-dessus quand on a fait la fosse, et on la met la première. Il convient qu'elle soit très-meuble. A mesure qu'on la jette, un ouvrier attire à soi et en dehors les différentes couches de racines, pour les placer horizontalement, et les superposer comme elles l'étaient dans la pépinière. Cette partie de l'opération se fait ordinairement fort mal, et c'est pourtant de là que dépend en grande partie la réussite de l'opération. Il faut éviter surtout d'imprimer des secousses à l'arbre; on conçoit effectivement qu'en le soulevant, les racines pressées par la terre dont elles viennent d'être couvertes, cèdent à cette pression, et tendent à se porter en bas, ce qui nuit singulièrement à leurs fonctions, tout en les assujettissant mal dans le sol.

Dans les vergers et les enclos qu'on ne laboure pas, on met les racines, autant qu'il se peut, rapprochées de la surface du sol.

Lorsque toutes les racines sont bien ramenées à une position horizontale, et qu'elles sont recouvertes de terre, on continue de les enterrer encore, mais seulement de manière à ce que la gelée ne les atteigne pas, et que les vents ne puissent ébranler l'arbre; on remplit alors la fosse avec de l'ajonc marin (vignon), sur lequel on jette encore quelques pellées de terres; on laisse ainsi les arbres passer l'hiver, et au commencement de mars, on finit de remplir les fosses, avec la terre qui reste.

On pourrait, avant de mettre les vignons, saupoudrer la terre avec un engrais pulvérulent (poudrette, noir animal, etc.), ou avec un peu de fumier bien consommé; de cette manière on favorisera la belle venue de l'arbre.

Toutes ces précautions à prendre sont coûteuses, il est vrai, mais il faut se rappeler que pour pour planter sûrement, on ne peut faire autrement que planter chèrement.

Décembre.

On continue le battage des grains au fléau. Je ne parle point du dépiquage, ce mode de battre n'est point usité dans nos pays; il est au reste très-cher, autant au moins que le battage au fléau, quelquefois davantage.

On augmente la litière, afin que le bétail soit chaudement et sèchement.

On déplace encore, quand le temps le permet, quelques parties de terres; ainsi on remet au haut du champ quelques centimètres de terre que les pluies ont successivement amenées dans le bas: on conduit également de la marne, des vases d'étang, etc.

Lorsque le temps le permet, on fait encore des labours d'hiver dans les terres argileuses, car plus tard les pluies et les intempéries ne le permettront guère.

Toujours surveiller les fossés d'écoulement, les raies d'écoulement, et veiller à ce que nulle part l'au ne séjourne.

On continue la récolte des cônes d'arbres verts, d'aunes.

On plante encore quelques arbres, et on prépare le sol pour les semis à faire.

Si les pépinières n'étaient point encore garnies d'ajonc, de pailles, de fascines, il serait grand temps de le faire.

Il faut également couvrir avec des branchages appuyés sur des gaules, qui elles-mêmes sont soutenues par de petits crochets, les jeunes plants de la pépinière, pour les mettre à l'abri des gelées. Ces simples branchages, quoiqu'opposant un obstacle très-clair au rayonnement, suffiront pour garantir le jeune plant. (Voir Arago, Annuaire du bureau des longitudes.) Il ne conviendra de les enlever qu'à la mi-mai.

FIN.

VOCABULAIRE.

Acide. — Les acides sont des corps qui ont en général une saveur aigre, et qui ont la propriété de rougir les couleurs bleues végétales.

Acide acétique. — C'est ce qu'on appelle communément du vinaigre plus ou moins fort.

Acide carbonique. — Il se rencontre fréquemment dans la nature. Seul, il est toujours à l'état gazeux, mais le plus souvent il est à l'état de combinaison. La chaux qui n'est pas cuite, la marne, les coquilles, le marbre, contiennent de l'acide carbonique; on dit alors que ces corps sont des *carbonates de chaux.*

Pour enlever à la chaux l'acide carbonique, on la fait cuire; on obtient alors de la *chaux caustique,* ou bien encore de la *chaux décarbonatée.* Pour abréger l'opération et pour économiser le combustible, il convient de faire cuire la chaux quand elle vient d'être extraite de la carrière, car alors elle est encore imprégnée d'humidité; si on ne le peut faire immédiatement, il faut avoir soin de la mouiller avant de la mettre au four. La présence de l'eau abrège l'opération.

C'est du gaz acide carbonique qui se dégage des tonneaux dans lesquels fermentent (bouillent) le cidre, le poiré, etc. Il peut être dangereux de le respirer. Le cidre, le poiré, le vin, etc., mis en bouteille, avant que la fermentation soit complètement achevée, produisent du gaz acide carbonique qui se dégage tumultueusement en faisant mousser la liqueur.

C'est encore du gaz acide carbonique qui se dégage du charbon qui brûle. Il tue les animaux qui le respirent.

Acide nitrique, on l'appelle aujourd'hui *acide azotique*. — Comme l'indique ce nouveau nom, c'est un composé d'azote et d'oxigène ; ce sont deux gaz qui, combinés dans une certaine proportion, forment cet acide ; lorsqu'on le combine avec la potasse, il forme un sel qu'on nomme *nitrate de potasse*. (Voyez engrais supplémentaires.)

Acide silicique. — Cet acide est très-répandu dans la nature. Quand il est pur, il constitue le cristal de roche. Les pierres meulières, les sables, les grès, etc., sont en partie composés de cet acide. La silice entre dans la composition des argiles. Dans un état de division extrême, elle peut être dissoute par l'eau. Les sables, les pierres en fragments plus ou moins gros, n'agissent guère dans la terre que d'une manière mécanique.

La silice se trouve en abondance dans le terreau provenant de la décomposition des feuilles, des tiges, etc., ainsi que dans les fumiers.

Les pailles de toutes les céréales, les betteraves, les graines d'avoine, les trèfles, contiennent de la silice. C'est elle qui donne surtout de la solidité aux tiges des céréales.

Thaër dit qu'une terre qui contient 60 parties d'argile, et 40 de sable, est une terre très-convenable pour la culture. On pourrait donc, dans certains cas, considérer les sables et les pierrailles comme un amendement.

Les sols très-siliceux sont très-perméables ; il convient d'y renouveler souvent les engrais.

Acide sulfurique. — Il résulte de la combinaison en certaine proportion du soufre et de l'oxigène de l'air. Mêlé avec de l'eau, on l'a employé quelquefois pour arroser les trèfles venus sur des terrains calcaires. Combiné à la chaux, il forme du sulfate de chaux (voyez plâtre); à la soude il forme le sulfate de soude (voyez sulfatage des blés); combiné avec le fer, il forme le sulfate de fer. M. Eusèbe-Gris, partant de ce fait, que les préparations de fer produisent de bons effets sur les personnes faibles et débiles, s'imagina que le sulfate de fer pourrait peut-être opérer sur les plantes malades, étiolées et chétives, un effet analogue; il s'en servit en dissolution et il obtint d'heureux résultats. Des faits ultérieurs assez nombreux ont justifié cette pratique.

ALCALI. — Ce qui caractérise surtout les alcalis, c'est la faculté qu'ils ont de se dissoudre facilement dans l'eau, en développant une saveur urineuse. Ils neutralisent les acides; aussi dans les terres aigres acides, les cendres, la charrée et la chaux, etc., qui contiennent des alcalis, produisent d'excellents effets. Ils sont au nombre de trois: l'ammoniaque, la potasse et la soude.

ALUMINE. Elle forme la plus grande partie des sols cultivés. Elle constitue presqu'entièrement l'argile. On se sert d'alumine pour faire les poteries, les tuiles, etc. Elle a la propriété de fixer l'ammoniaque répandue dans l'atmosphère.

AMMONIAQUE. — Très connue sous le nom d'alcali volatil, elle est le résultat de la combinaison de deux gaz: l'azote et l'hydrogène. Elle se dégage de toutes les matières animales abandonnées à elles-mêmes; les fumiers, les matières fécales, le sang, les urines, en produisent beaucoup, mais comme elle est très volatile, elle se perd, à moins qu'on ne la rende fixe au moyen de l'acide sulfurique ou de ses composés. (Voyez engrais.)

ANALYSE. — L'analyse chimique est, à proprement parler, l'art de décomposer les corps. C'est une opération beaucoup trop négligée par la plupart des cultivateurs.

ARGILE. — L'argile est une combinaison de 52 parties de silice, de 33 d'alumine, et d'eau. Elle s'empare avidement des gaz ammoniacaux contenus dans les pluies et dans l'air; c'est ce qui explique l'amélioration des terres argileuses, dont toutes les parties ont été exposées à l'air par des labours bien faits. C'est un des principaux avantages des jachères. Cette acidité pour les gaz ammoniacaux, qu'ils viennent des pluies ou des fumiers, explique encore pourquoi une première fumure ne produit aucun effet dans une terre argileuse épuisée.

L'argile mêlée avec le carbonate de chaux et du sable en quantité convenable forme les meilleurs terrains connus sous le nom de *loams*.

CALCAIRE. — Terre qui contient de la chaux. La chaux est un aliment des plantes, on la retrouve dans presque toutes les cendres qui proviennent de leur combustion.

CARBONE. — Le carbone ou charbon pur est très-répandu dans la nature; il constitue la partie solide de toutes les plantes. Si le charbon est exposé à une haute température, il se combine avec le gaz oxigène de l'air, et il se produit du gaz acide carbonique. C'est à cet état de gaz que toutes les plantes s'en emparent.

Les engrais charbonneux comme les plantes aquatiques, les feuilles, tous les débris végétaux, les engrais pailleux consommés, conviennent bien à certaines cultures.

CENDRES. — Les plantes puisent dans le sol les substances minérales qui se retrouvent dans leurs cendres, quand on les a brûlées. C'est un fait que les expériences de MM. Th. de Saussure et Lassaigne ont suffisamment démontré.

DEXTRINE. — La dextrine est un produit végétal; elle est soluble dans l'eau; elle a la même composition élémentaire que la fécule.

ÉCOBUAGE. — C'est une opération qui consiste à couper et nétoyer avec un instrument appelé *écobue*, les terrains couverts de broussailles et de gazons, pour les brûler ensuite.

Cette opération s'exécute lorsque la terre est suffisamment sèche. On peut la commencer dès le mois d'Avril. Elle améliore tous les sols, mais les sols maigres sont épuisés par l'écobuage.

EMPIRISME. — Médecine pratique qui consiste à donner des remèdes sans principes et sans raisonnements.

FERMENTATION. — C'est la décomposition spontanée des substances organiques: le jus de la pomme abandonné à lui-même fermente, c'est la fermentation alcoolique; les excréments des animaux, combinés avec la litière, subissent aussi une fermentation, c'est la fermentation putride.

FUMIER — Les fumiers analysés par M. Boussingault, lui ont donné: eau 793, carbone 74, hydrogène 9, oxigène 53, azote 4, cendres 67; en tout, 1000 parties.

Les cendres de ces fumiers ont présenté les éléments suivants : acides carbonique 20, phosphorique 30, sulfurique 19 ; chlorure 6; silice, sable, argile 664 ; chaux 86 ; magnésie 36 ; oxyde de fer, alumine 61 ; potasse et soude 78 ; en tout, 1,000 parties.

Les fumiers de ferme sont tellement variés, et si différents les uns des autres, qu'il ne faudrait pas s'imaginer que l'analyse que je rapporte d'après M. Boussingault, indiquât précisément les corps qui se trouvent dans tous les fumiers, mais on peut dire qu'en général ils les contiennent tous, en quantité plus ou moins grande. Et maintenant il est facile de comprendre qu'à l'aide de ces fumiers, on peut, en général, rendre à la terre tout ou partie des substances qui lui ont été enlevées par les récoltes.

Gaz. — On appelle gaz des corps qui ne sont ni solides ni liquides. L'air que nous respirons est un véritable gaz, ou plutôt c'est un mélange de deux gaz : le gaz azote et le gaz oxigène.

Gaz azote. — L'azote est un gaz qui forme environ les 4/5 de l'air atmosphérique ; il est sans odeur ni couleur ni saveur, par conséquent, il n'est accessible à aucun de nos sens ; on le connaît plutôt parce qu'il n'est pas, que parce qu'il est. Par sa combinaison avec l'hydrogène, il forme l'ammoniaque. Les engrais qui contiennent beaucoup d'azote, favorisent la production du *gluten* dans les céréales.

Gaz hydrogène. — C'est un gaz très-répandu, surtout à l'état de combinaison. Quand il est pur, il n'a ni odeur, ni saveur, ni couleur. Il s'accumule dans les vases des eaux croupissantes. Il contient alors du carbone, du phosphore, etc., et il produit ces feux-follets qui étaient, qui sont encore un objet de terreur pour les habitants des campagnes.

A l'état libre, il ne pourrait que nuire à la végétation ; mais à l'état de combinaison, il est essentiel au développement des plantes, car il est un des éléments de l'eau, de l'ammoniaque, etc.

Gaz oxigène. — Ce gaz existe toujours à l'état de combinaison ou de mélange. Il entre pour un 5e. environ dans la composition de l'air ; son influence sur la végétation doit être très-grande, car les plantes sont en quelque sorte plongées dans l'oxigène : par les racines, elles sont en contact avec l'eau qui est composée d'oxigène et d'hydrogène, par les tiges et les branches, elles sont en contact avec l'air qui est composé d'oxigène et d'azote.

Gluten. — Le gluten est une substance molle, collante, élastique, odorante, d'un blanc grisâtre. Les farines des céréales contiennent toutes du gluten en plus ou moins grande quantité.

Le gluten, sous le rapport de ses facultés nutritives, se rapproche beaucoup des substances animales ; aussi les blés sont-ils d'autant plus estimés que leur farine en contient davantage. On prépare aujourd'hui sous le nom de gluten granulé une pâte à potage plus nourrissante que les autres pâtes connues. (Payen).

GYPSE. — Nom donné au sulfate de chaux, qu'on appelle encore *plâtre*. Il produit sur les plantes d'autant plus d'action qu'il est plus finement pulvérisé.

MAGNÉSIE. — La magnésie est considérée comme une terre alcaline. Elle se trouve quelquefois unie à la chaux, et elle forme alors la chaux dite magnésienne.

La magnésie se retrouve dans les cendres de beaucoup de plantes. Elle rend les terres plus fraîches, plus douces au toucher. Quant à la fertilité qu'elle procure aux terrains qui en contiennent, la question n'est pas encore résolue, tout porte à croire cependant qu'elle ne peut qu'ajouter à leur valeur.

OXYDE DE FER. — Ce sont les oxydes de fer qui donnent à l'argile ses différentes couleurs.

SEL. — Dans le langage chimique on appelle sel, la combinaison d'un acide avec un ou plusieurs oxydes. Ce nouveau corps prend un nom qui indique son origine, ainsi, pour ne parler que des sels dont il a été question dans cet ouvrage, l'acide carbonique combiné avec la chaux forme un carbonate de chaux, qui est un sel ; l'acide sulfurique combiné avec l'ammoniaque, forme un sel, qu'on nomme sulfate d'ammoniaque, de même du nitrate de potasse, etc. J'ai dit ailleurs qu'on pourrait, dans les pays trop éloignés des carrières de plâtre, faire soi-même un plâtre artificiel (il faut se rappeler que le plâtre est du sulfate de chaux); voici ce qu'il conviendrait de faire : on prend une pierre à chaux ou de la craie, qui est du carbonate de chaux, on imprègne cette pierre avec de l'eau et de l'acide sulfurique en quantité voulue, et on obtient ainsi du sulfate de chaux. Voici ce qui s'est passé :

Carbonate de chaux formé de { acide carbonique devenu libre. / chaux.

Acide sulfurique { sulfate de chaux.

L'acide sulfurique s'est porté sur la chaux, il s'est formé du sulfate de chaux; l'acide carbonique, chassé de sa combinaison, s'est dégagé en faisant effervescence, et il s'est formé un corps nouveau.

Le nitrate de potasse est un sel, dont j'ai indiqué l'usage à l'article des engrais supplémentaires.

Les phosphates sont aussi des sels formés par l'acide phosphorique ; si c'est à la chaux qu'il se trouve combiné, il forme du phosphate de chaux, etc. Les os, les coquilles, quelques marnes, les cendres, la charrée, le noir animal, etc., contiennent des phosphates, dont la dissolution se fait dans l'eau chargée d'acide carbonique (et les eaux de pluie en contiennent en plus ou moins grande quantité). Le lait des vaches est riche en phosphates, c'est ce qui explique en partie la moindre valeur de leurs excréments. Les fumiers contiennent des phosphates.

SOUDE ET POTASSE. — La potasse et la soude sont deux alcalis qui souvent se suppléent. Presque tous les terrains en contiennent ; on les rencontre dans la cendre de tous les végétaux à peu près. Les fumiers en contiennent également. Une récolte de blé qui a fourni 18 hectolitres en a absorbé un peu moins de 30 kilogrammes.

SOUFRE. — Corps simple qui ne paraît pas avoir

d'action sur la végétation, mais par ses combinaisons avec l'oxigène surtout, il forme plusieurs acides qui sont très-répandus et très-utiles. Je m'en suis occupé à l'article des engrais supplémentaires, et au mot *acide sulfurique* de ce petit vocabulaire.

Terreau. Humus. — Le détritus de toute matière organique qui a pourri se nomme terreau. Il y a des terreaux doux et des terreaux acides. Les terres de bois, de bruyères sont des terreaux acides, qui sont ordinairement maigres : on détruit l'acidité au moyen de l'écobuage ou des alcalis, et l'infertilité au moyen des marnages et des engrais animaux. Quant aux sols tourbeux, ils ne sont susceptibles d'être cultivés qu'après avoir fait des travaux d'art souvent très-coûteux, et après avoir changé la nature du sol.

THERMOMÈTRE. — Instrument qui sert à mesurer la température d'un lieu au moment de l'observation. Le thermomètre centigrade marque 0 à la glace fondante et 100 à l'eau bouillante. Cet instrument est basé sur ce principe de physique, que la chaleur dilate presque tous les corps.

FIN.

TABLE.

Préface. 1

PREMIÈRE PARTIE.
DU SOL.

CHAPITRE Ier. Du sol considéré en lui-même. 1
- § 1er. Humidité. 2
- § 2. Poids. 3
- § 3. Ténacité. 4
- § 4. Cohésion. 5
- § 5. Hygroscopicité. 6
- § 6. Fraîcheur. 7
- § 7. Volume. 8
- § 8. Chaleur. 8
- § 9. Niveau. 10
- § 10. Exposition. 11
- § 11. Voisinage. . . . . , . 12
- § 12. Vents. 13
- § 13. Composition du sol. . . . 14
- § 14. Sous-sol. 17

CHAPITRE II. Des irrigations. . . . 20
CHAPITRE III. Des amendements. . . 27
- Article 1er. Neutralisation des matières nuisibles au sol. 27
- Article II. Assainissement des terres. . 28
- Article III. Chaux. 31
- Article IV. Marne. 35
- Article V. Plâtre (gypse, sulfate de chaux). 40

CHAPITRE IV. Engrais. 44
- Article 1er. Théorie générale des engrais. 44

Article II. Des fumiers. 49
Article III. Emplacement du fumier. . . 52
Article IV. Emploi du fumier. 55
Article V. Engrais supplémentaires. . . 59
Article VI. Expériences sur certains engrais. 78
Article VII. Considérations générales sur les engrais. 85

DEUXIÈME PARTIE.
DES CULTURES.

CHAPITRE Ier. Des céréales. 89
  Article Ier. Froment. 89
  Article II. Seigle. 111
  Article III. Orge. 116
  Article IV. Avoine. 119
  Article V. Sarrasin. 126
CHAPITRE II. Des fourrages. 132
  Section Ire. Fourrages naturels. Prairies. 132
  Section II. Fourrages artificiels.
    1re. Subdivision.. Plantes exclusivement fourragères. 140
    Article Ier. Trèfle commun. . . . 140
    Article II. Trèfle blanc. 149
    Article III. Trèfle incarnat. . . . 151
    Article IV. Sainfoin. 152
    Article V. Choux. 156
    Article VI. Luzerne. 158
    Article VII. Lupuline ou Minette dorée. 166
    Article VIII. Spergule. 166
    Article IX. Chicorée sauvage. . . 167
    Article X. Ajonc marin. 168
    2e. Subdivision. 171
    Article Ier. Vesces de printemps. . 171
    Article II. Vesces d'hiver. . . . 172
    Article III. Pois. 175
    Article IV. Féverolles. 178

CHAPITRE III. Racines et tubercules. . . 183
    Article 1er. Pommes de terre. 184
    Article II. Topinambour. 194
    Article III. Betterave. 198
    Article IV. Carottes. 205
    Article V. Navet. 211
    Article VI. Rutabaga ou chou-rave. . 215
    Article VII. Panais. 215
CHAPITRE IV. Plantes oléagineuses. . . 219
    Article 1er. Colza. 220
    Article II. Navette. 230
    Article III. Caméline et Moutarde blanche. 231
CHAPITRE V. Plantes textiles. 233
    Article 1er. Lin. 233
    Article II. Chanvre. 237

APPENDICE.

ARTICLE Ier. De quelques instruments aratoires et des travaux agricoles. 241
    § 1er. Charrue. 241
    § 2. Herse. 253
    § 3. Scarificateur, extirpateur, houe à cheval. 255
    § 4. Buttoir. 256
    § 5. Semoir. 257
    § 6. Rouleau. 262
    § 7. Ebroussoir. 263
    § 8. Défrichement. 265
    § 9. Sarclages. 266
ARTICLE II. Assolement. 267
ARTICLE III. Pépinières. 279
ARTICLE IV. Notes et remarques. . . . 285
ARTICLE V. Calendrier du cultivateur.—
    Travaux à exécuter pendant l'année. 294

FIN DE LA TABLE.

ERRATA.

Page 2 1re. ligne, *a*, lisez *la*.
    62 8e. ligne, *pa s*, lisez *pays*.
    72 *devraient, recevoir*, lisez *devraient recevoir*.
    77 *quelques uns*, lisez *quelques-unes*.
    84 *des rues, et*, supprimez *et*.
    93 *le froment en terre*, lisez *mis en terre*.
    94 *la terre et l'engraisser*, lisez *et de l'engraisser*.
    95 *qui ne faisaient*, lisez *qui ne feraient*.
   159 *détournement*, lisez *défoncement*.
   170 *céréale*, lisez *plante*.
   182 5e. ligne, supprimez *que*.
   184 *rutabage*, lisez *rutabaga*.
   186 10e. ligne, *sol*, lisez *sel*.

www.ingramcontent.com/pod-product-compliance
Lightning Source LLC
Chambersburg PA
CBHW060338170426
43202CB00014B/2810